168 STORIES 个故事系列

智慧成长故事 完美学习系列

提高中学生
学习能力
的168个故事

王向荣 赵丹丹 编

北京出版集团公司
北京教育出版社

图书在版编目(CIP)数据

提高中学生学习能力的168个故事/王向荣,赵丹丹编. —北京:北京教育出版社,2006
(智慧成长故事 完美学习系列)

ISBN 978 – 7 – 5303 – 5229 – 8

Ⅰ.①提⋯ Ⅱ.①王⋯ ②赵⋯ Ⅲ.①学习方法 – 青少年读物 Ⅳ.①G791 – 49

中国版本图书馆 CIP 数据核字(2006)第 055601 号

智慧成长故事 完美学习系列
提高中学生学习能力的 168 个故事
TIGAO ZHONGXUESHENG XUEXI NENGLI DE 168 GE GUSHI
王向荣 赵丹丹 编

*

北京出版集团公司
北京教育出版社 出版
(北京北三环中路6号)
邮政编码:100120
网址:www.bph.com.cn
北京出版集团公司总发行
全国各地书店经销
三河市嘉科万达彩色印刷有限公司印刷

*

787mm×1092mm 16 开本 印张14 280000 字
2006 年 9 月第 1 版 2016 年 4 月修订 第 10 次印刷

ISBN 978 – 7 – 5303 – 5229 – 8/G·5148
定价:29.80 元

第**1**章

注意力是学习的窗户

第2章

伟大的发现始于观察

第 3 章

妙不可言的思维世界

第**4**章

创新——学习之舟的原动力

第 **5** 章

想象是现实与浪漫的结合

第6章

架起表达的桥梁

第 **7** 章

找到记忆的窍门

第 1 章
注意力是学习的窗户

　　注意力是学习的窗户，没有它，知识的阳光就照射不进来。打开注意力这扇窗户，智慧的阳光才能撒满心田。注意力是一片凸透镜，对着阳光长时间地聚焦，也能将纸点燃。注意力是一种最有价值的资源，是一个人终生受益不尽的财富。

　　注意力也是一种最公平的资源，因为每个人都有可能控制自己的注意力。有的人在智力上也许很一般，甚至连常人也不及，但是他专注，他能够抗拒外界干扰，长时间地执著于一件事，最终打开了知识的宝库，得到了知识老人的馈赠。

·罗丹的启示·

感悟
ganwu

在雕塑时，罗丹全心投入，如醉如痴，创造了充满激情的作品。有时，我们会突然产生写作的灵感或想到解题的新思路，这时一定要抓住这宝贵的灵感，集中注意力，也许就是瞬间，就会有意外的收获。

一天，法国著名雕刻家罗丹邀请挚友——奥地利作家茨威格到他家做客。在罗丹朴素的别墅里，他们在一张小桌前坐下吃饭。罗丹温和而慈祥地和这位晚辈交谈。文学和雕塑这两枝艺术之花让他们之间有说不完的话，他们都十分高兴。午餐在愉快的氛围中进行着。

吃过饭，罗丹便带着茨威格到他的工作室参观。

罗丹的工作室可以说是雕塑的出生地。在这里，有完整的雕像，也有许许多多小塑样——一只胳膊，一只手，有的只是一只手指或者指节；还有他已动工而搁下的雕像和堆着草图的桌子，这就是他一生不断追求与劳作的地方。

一到这里，罗丹就不由自主地穿上粗布工作衫，一下子就变成了一个工人。他在一个台架前停下。

"这是我的近作。"他说着便把湿布揭开，现出一座女正身塑像。"这已完工了吧？"茨威格退到罗丹身后，看着他魁梧的背影说。

罗丹没有回答，自己端详了一阵，忽然皱着眉头说："啊，不！还有毛病……左肩偏斜了一点，脸上……对不起，你等我一会儿……"于是他便拿起刮刀、木刀片轻轻滑过软和的黏土，给肌肉一种更柔美的光泽。他健壮的手动起来了；他的眼睛闪耀着智慧的光芒。随着一块块黏土的掉落，雕塑变得越来越生动。茨威格站在后边，微笑着看着这个对工作过于执著的艺术家。"还有那里……还有那里……"他走回去，把台架转过来，又修改了一下，含糊地吐着奇异的喉音。时而，他的眼睛高兴得发亮；时而，他的双眉苦恼地紧蹙着。他捏好小块的黏土，粘在塑像身上，又刮开一些。他完全陷入了创作之中。

这样过了半点钟，一点钟……罗丹的动作越来越有力，情

绪更为激动，如醉如痴，他没有再向茨威格说过一句话。除了他要创造更崇高的形体的意念，整个世界对他来说好像已经消失了。

最后，工作完毕，他才舒坦地扔下刮刀，像一个多情的男子把披肩披到他情人肩上那样，温存地把湿布蒙上女正身塑像，然后径自走向门外。

快走到门口的时候，他突然看见了茨威格。就在那时，他才记起他还有个朋友在旁边。他意识到了自己的失礼，赶紧惊慌地说："对不起，茨威格，我完全把你忘记了，可是你知道……"茨威格被罗丹的工作热忱深深地打动了，握着他的手，紧紧地握着，什么话也说不出来了。

·因飞虫而失掉骆驼·

我是一名职业校对员，曾经校对过北美航空公司的《飞行员手册》、联邦基金会的《职业教育研究报告》和数不清的刊物。高度的职业敏感导致我在生活中也成为一个不可救药的挑错专家。看书时，我会不自觉地检查单词拼写和标点符号是否正确；听别人讲话时，我总在考虑他的发音是否准确，停顿是否得当。

一次我去教堂做礼拜，牧师正在朗读一段赞美诗，我很专心，丝毫没有丢掉一个字。我突然听出一个误读的单词，顿时浑身不自在起来，一个校对员的声音在心里不停嘟嚷："他读错了！他竟然读错了！"而此时那个牧师在说什么，我却听不到了，只是想，他怎么可以读错呢？就在这时，一只小飞虫从我眼前慢慢飞过。突然之间，我耳边突然响起了一个更清晰的声音："不要盯着小飞虫，忽视了大骆驼。"对呀，我怎么能因为一个小错误，忽视了整段赞美诗呢？比起那优美的赞美诗来，一个小错误又算什么呢？

因为一个小错误而忽视了整段赞美诗确实不值，可是，在学习中，我们也常犯类似的错误。老师不小心读错一个字，我们就揪住不放，暗暗窃喜能够抓住老师的错误，而听不到下面老师要讲的精彩内容，这难道不是损失吗？有意识地去分配注意力有利于学习成绩的提高。

飞虫在我面前稍作停留，然后径直飞走了。那只小虫有个大道理要告诉我们：世界上的真善美无穷无尽，平时要把注意力集中在美好善良的事物上，不要盯住小过失不放。

·专注脚下的路·

感悟
ganwu

在平坦的道路上跌跟头是因为过于粗心，而在狭窄的小桥上能够稳步前进是因为心中有压力，有了这种压力才能集中注意力，把窄道变成坦途。学习就如走路，没有压力就很难全身心地投入。我们不妨给自己设立一些小目标，从而适当地给自己增加一些压力，这是提高注意力行之有效的好方法。

一对农村夫妻40得子，因而宠爱有加。在蜜罐中长大的儿子养成了一意孤行的脾性，做事毛毛糙糙，就连走路也走不好，时常跌进水田里，身上的伤从来没有断过，很是让望子成龙的父母焦心。

儿子7岁那年，顺理成章上了小学。顽皮的他走路喜欢东张西望，不是弄湿了鞋子，就是弄脏了裤了，哭鼻子成了家常便饭。做母亲的整日跟在他后面洗，也无法让他穿得干净。爱儿子的母亲不放心，只好每天悄悄跟在儿子身后，可这并不能阻止他掉进水田里的事发生。

一天，孩子的父亲带一把铁锹去儿子上学必经的田埂上，在上面断断续续地挖了十几道缺口，然后用棍棒搭成了座座小桥，只有小心走上去才能通过。那天放学，儿子走在田埂上，看面前一下子多出了这么多的小桥，很是诧异。是走过去，还是停下来哭泣呢？四顾无人，哭也没有用啊，他在那里徘徊了一会儿，最终他选择了走过去。当背着书包的他晃晃悠悠地通过小桥时，惊出一身冷汗。他第一次没有哭鼻子，第一次有了某种胜利的感觉。

吃饭的时候，儿子很神气地对爸爸说："爸爸，今天我做了一件大事。"爸爸妈妈微笑着问他是什么事，他小小的脸上满是兴奋，说："今天我回来的路上出现了好多小桥，好窄呀！我是自己过去的！一次也没有摔跤。你看，我的裤子和鞋都没有湿。"爸爸给儿子夹了一块肉，说："你很勇敢，孩子。"第一次，吃完饭后，孩子自己乖乖地回到房间里写作业。以后，他上学的路上再也没惹过麻烦。

妻子对丈夫的举措有些不解，丈夫解释道："平坦的道上，他左顾右盼，当然走不好路；坎坷的路途，他的双眼必须紧盯着路，因而走得平稳。"

专心致志的巴尔扎克

巴尔扎克在创作时，注意力高度集中，就像着了迷一样，简直到了忘我的程度。

有一次，一位朋友来拜访巴尔扎克，见他正在专心致志地伏案写作，不忍心打搅他，就在一旁坐下等他。后来，吃午饭的时间到了，佣人给巴尔扎克端来了午餐。朋友以为那些午餐是用来招待自己的，加上肚子饿了，就不客气地把那些午餐吃光了。吃完后，朋友又等了一会儿，见巴尔扎克还在埋头写作，就悄悄地离开了。巴尔扎克写着写着，忽然感到肚子饿了，便放下笔，起身找东西吃。可是当他发现桌上有用过的餐具后，便责备起自己来："你怎么已经吃过了还想吃！"说罢，又坐下继续写作。

还有一次，巴尔扎克为了消除连日来紧张写作所带来的疲劳，早晨起来就出去散步了。为了不使来访者久等，他用粉笔在大门上写下了几个大字："巴尔扎克先生不在家，请来访者下午来！"他一边散步，一边思考着小说的情节和人物安排，突然感到肚子饿了，想吃点东西，便转身往家门口走去。他走到家门口，正要推门进去，看到门上的粉笔字，很遗憾地叹了一口气，说："唉！原来巴尔扎克先生不在家。"说完，他就转身离开了。

后来，巴尔扎克成了法国现实主义文学成就最高者之一，还被称为"现代法国小说之父"。

感悟
ganwu

虽然我们不一定要如同专心致志的巴尔扎克那样，在创作时达到忘记吃饭的程度，但是我们一定要懂得：心无旁骛、一心一意地做事，才更容易取得成功。

纪昌学射

"射箭的诀窍"是什么呢？是高度集中的注意力。故事中的飞卫，实际上一直在让纪昌练习集中注意力，因为一个人如果分心走神，注意力涣散，就可能会一事无成。

甘蝇是古代一个善于射箭的人，他一拉弓，野兽就会倒地，飞鸟就会落下。而甘蝇有一个弟子叫飞卫，他射箭的本领甚至比甘蝇还要高超。

于是，一个叫纪昌的人找到飞卫，希望可以向飞卫学习射箭。可是飞卫见了纪昌之后，只是对纪昌说："你先学会看东西不眨眼睛，再来找我谈射箭吧。"

纪昌回到家后，想到可以躺在妻子的织布机下，用眼睛注视着梭子，练习不眨眼。于是，他坚持每天练习。两年之后，妻子的梭子换了一个又一个，而纪昌练到即使是锥子尖快要刺到眼眶的时候，也不会眨一下眼睛了。

纪昌找到飞卫，把自己练习的情况告诉了他。飞卫说："这还不够啊，还要学会视物才行。要练到看小物体像看大东西一样清晰，看细微的东西像看大物体一样容易，再来找我。"

回去后，纪昌每天用牦牛尾巴的毛系住一只虱子，并把它悬挂在窗口，每天远远地看着它。一段时间之后，纪昌觉得自己看到的虱子愈来愈大了；三年之后，他觉得虱子在他眼里有车轮那么大。而当他转过头来看其他东西时，感觉其他东西也都像山丘一样大。于是，纪昌用燕国的牛角当弓，用北方出产的篷竹作为箭杆，射那只悬挂在窗口的虱子。结果，篷竹穿透了虱子，但是牦牛尾巴的毛却没有断。

纪昌又找到飞卫，把自己练习的情况告诉了他。飞卫十分高兴，对纪昌说："你现在已经掌握射箭的诀窍了！"

突如其来的灾难

一天，当一只鹿在树林边的一块草地上吃草的时候，一支箭冷不防地从树林间穿来，正好射在鹿的一只眼睛上。鹿忍着剧痛在林间奔跑，幸亏鹿跑得快又熟知路径，才保住了性命，不过，鹿的一只眼睛再也看不见东西了。以后，每当它在树林里走动的时候，就更加小心了。

一天，这只瞎了一只眼的鹿来到海边玩耍，回想起那次令其不寒而栗的危险经历，仍然心有余悸。

"陆地真是一个光怪陆离的地方，到处都充斥着险恶，我一定要吸取上次的教训，对陆地加强警惕！"这样想着，鹿回转身子，用那只好的眼睛注视着陆地，防备猎人的攻击，而用瞎了的那只眼对着大海。"海那边应该不会发生什么危险吧！猎人大多活跃在陆地上！"鹿为自己的小聪明很是得意。

可它没有想到的是，一艘渔船从海上经过，捕鱼的人正好看见了这只鹿，而且欣喜地发现这只鹿竟然是瞎子，于是用一支长矛把它刺倒了。

鹿被这突如其来的灾难惊呆了，它一下子扑倒在地上，鲜血染红了沙滩，它再也没有力气爬起来轻盈地跳跃，甚至逃跑了。它绝望了，用仅有的一只眼睛望着越走越近的猎人，知道生命到了最后一刻。在它将要咽气的时候，它自言自语地说："我真是不幸，我防范着陆地那面，而我所信赖的海这面却给我带来了灾难。"

自在一点，勇敢一点

台湾著名作家吴淡如在《自在一点，勇敢一点》一文中，写出了她学舞蹈的可贵经验。

感悟
gɑnwu

生活中处处有风险要严加防范，学习中也会有障碍和烟雾弹来阻碍我们的视线，分散我们的注意力。对于有些困难的题目，我们顾此也要顾彼，例如写作文，既要抓住主题，又要选材新颖；既要思想向上，又要语句优美，倘若有一丝的疏忽，都不可能达到兼顾。

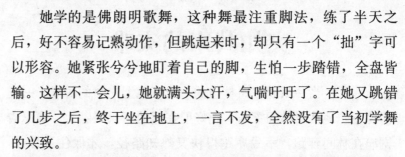

歌舞是一种表演，从某种意义上说，学习也是。当面对众多的"观众"，我们往往口不能言，脚不能动，其实这是自己太过紧张的缘故，这时我们需要转移注意力，克服恐惧心理。只要不想结果如何，将注意力集中于"表演"的过程，即使有小小的失误，战胜了恐惧也算成功！

她学的是佛朗明歌舞，这种舞最注重脚法，练了半天之后，好不容易记熟动作，但跳起来时，却只有一个"拙"字可以形容。她紧张兮兮地盯着自己的脚，生怕一步踏错，全盘皆输。这样不一会儿，她就满头大汗，气喘吁吁了。在她又跳错了几步之后，终于坐在地上，一言不发，全然没有了当初学舞的兴致。

她的朋友是职业舞蹈员，忍不住提醒她："像你这样一直看着自己的脚，全然没有办法放松肢体，根本就享受不到跳舞的快乐。最糟的是：一个人如果跳舞时一直看着自己的脚，观众也会跟着注视你的脚，想知道到底出了什么问题；反之，如果你脸带微笑，大家便会看你的脸。"

这一点拨使吴淡如豁然开朗，她得到了启示，接下来，便把注意力从脚部移开，随着音乐节拍，抬头挺胸微笑，让整个人、整个心都进入到了美妙的音乐中，这样一来，整体效果果然大有改进，而这几分钟的舞，过去有如芒刺在背，现在却是越跳越自然。

真假稻草人

从前有一个人，家里有一个很大的鱼塘，鱼塘就是他家的聚宝盆。他每年都靠鱼塘里的鱼买吃的，买穿的，买用的，养家里的妻儿老小。村里的民风很好，没有人到他的鱼塘里偷鱼吃，因此他也没有必要整天守在那里，他们一家人的日子过得还算快乐。全家视这个鱼塘为命根子。

可是，让他很恼火的是，鱼塘附近有很多鱼鹰，常常成群结队地跑来抓鱼吃，赶了又来，来了又赶，总也抓不住，每次总要抓很多鱼走，它们的动作快而准，折腾得养鱼人筋疲力尽。从此，他们全家轮流到鱼塘来看守，驱赶鱼鹰。

这一天，养鱼人照样在看鱼塘，成群结队的鱼鹰又来吃

鱼，而且它们的队伍好像比以前更加壮大了呢！养鱼人跑过去冲它们挥挥手，鱼鹰一惊，便跑了。养鱼人灵机一动，计上心头。

他找来一堆稻草，扎了个惟妙惟肖的稻草人，然后把它插在鱼塘里吓唬鱼鹰。只见稻草人穿着蓑衣，戴着斗笠，伸开两臂，还拿了一根竹竿，活脱脱就是一个养鱼人。

起初，鱼鹰果真上当，以为是真人，有点害怕，只敢在稻草人头上盘旋，"呷呷呷"地叫着，就是不敢冲下来，更别说去抓鱼吃了。养鱼人于是放了心，过了一段好日子。

可没多久，渐渐地，狡猾的鱼鹰见"养鱼人"总是纹丝不动，不由疑窦丛生，于是里面年轻而胆大的鱼鹰开始壮着胆子试着飞下来看看。

如此一来，鱼鹰马上就发现这不是真人了，就又开始肆无忌惮地冲下来抓鱼吃了。

更可气的是，它们吃饱了，也不立刻飞走，而是悠然自得地站在稻草人的肩上或斗笠上，一边舒服地晒着太阳，一边冲着养鱼人"呷呷呷"地叫，好像在嘲笑养鱼人说：

"假，假，假，原来是个假人！"

眼看着鱼塘的鱼一天比一天少，养鱼人气得七窍生烟。看着鱼鹰洋洋得意的架势，养鱼人愁得连饭都吃不下。过了不久，他忽然又想出了一个好办法。

一天，他趁着天还没有亮，鱼鹰还没有来，悄悄到鱼塘里把稻草人撤走了。然后呢，自己披上蓑衣，戴上斗笠，拿上竹竿，伸开双臂，像稻草人一样纹丝不动地站在鱼塘里面。

没过多大工夫，鱼鹰又来了，它们以为稻草人还是假的，便又放心大胆地冲到鱼塘里吃鱼。吃饱了，有的飞到稻草人的肩上，有的飞到斗笠上，一边休息，一边"呷呷呷"地叫唤。

养鱼人趁它们一不留神，一伸手就抓住了它们的爪子。

鱼鹰极力地扇动着翅膀，怎么挣也挣不脱。

当我们长时间地关注一件事时，注意力往往容易被分散，危机或问题也由此产生，就如同故事中那些掉以轻心的鱼鹰。这时视觉和大脑都产生了疲劳，需要我们有意识地去集中注意力。即使是同一个老师的课，每天都会有新内容，即使是看过三遍的书，再看一遍也会有新的收获，倘若我们用心去看，集中注意力去看，谁说学习成绩不会一日千里呢？

养鱼人这次可笑开了怀："开始是假的，现在可一点都不假啊！"

把握成功的关键点

感悟
ganwu

成功的关键在于把握成功的关键点——不能只盯住事情表面，要将注意力放在解决问题的关键点及根源上。一道看似复杂难解的数学题，也总会有它的突破口，只要关注那些关键性的条件，忽略那些混淆思维的条件，就可能找到问题的答案。

在一次空手道表演赛中，一位黑带高手以七段的实力，徒手劈开十余块叠在一起的实心木板，赢得观众热烈的喝彩与掌声。表演结束后，其中一个小男孩竟然激动地跳上台，请黑带高手给他指点一二，哪怕是劈开一块也好。

黑带高手将十余块木板叠了起来，亲切地拍着男孩的肩膀，问他："如果你想劈开这叠木板，你的着力点会放在哪里？"

男孩指着木板的中心："这里，我想一定要打在中心。"

空手道高手笑道："你说得也对。木板架高时的中心点，的确是最脆弱的部分。不过，你将着力点放在最上面这块木板的中心，当你的掌击中那一点时，将遭受同等力道的反击，令你的手反弹且疼痛不已。"

男孩不解地问："那究竟应该把注意力放在哪个部分？"

空手道高手指着最下面的那块木板的下方："这里，把你的所有注意力都集中到木板的下面，你一定要想着自己的力量将要达到这个地方。这样，木板对于你就不是一个障碍。"

说完，空手道高手右手一扬，又劈开了一叠木板。

小　白　鼠

有一位心理学教授用他最得意的两名学生做实验。

他把两人找来，给每人六只看起来同样可爱机灵的白老鼠，然后说，他想要看他们能在一个月之内教会老鼠做什么事。教授对其中一名学生说："你很幸运，因为你的老鼠是杰出的基因培养出来的。一个月之后，我希望你能教会它们任何狗都学得会的东西——翻身、坐下、装死等等。"教授对另一名学生说："你分到的只是普通的老鼠，要想教会它们什么，必须付出几倍的努力，或者说，只是白费心机而已。"

一个月之后，两名学生带着他们的白老鼠回来。第一名学生对他的成果感到很兴奋，当场展示了他的教学成果，他教出的老鼠简直就像训练有素的马戏团成员，翻身、坐下、装死等把戏都很拿手，一个口令一个动作。而第二名学生则沮丧地对教授说："您说得对，我的老鼠真是笨老鼠，成天缩在角落一边，给它们食物也不敢过来吃，我教不会它们做任何事。"

这位教授笑着对这两名学生说道："这一切只不过是一个实验而已。12只老鼠都是一样的，唯一的差别只在于你们，一个的注意力集中于怎样才能教会它们，而另一个的注意力则集中于怎样不能教会它们。"

·看鸽子飞翔·

幼年时的梅兰芳，圆圆的小脸，水汪汪的一双眼睛炯炯有神；但眼皮有些下垂，眼珠转动不太灵活。梅兰芳自幼性格腼腆，见生人不会说话。而且，梅兰芳老是唱不好，不是忘了词儿，就是唱错了腔。当时他的第一位启蒙老师吴老师对他的评语是这样的："言不出众，貌不惊人。祖师爷没给你这碗饭吃！"吴老师一气之下，便再也不教他了。

老师离开后，梅兰芳很受打击。为了治好自己的眼睛，梅兰芳想出了一个好办法。

他每天把家里的鸽子放出去，当鸽子在天空飞翔时，梅兰芳就用一杆顶端拴了红绸子的长竹竿，指挥鸽子起飞，如果要鸽子下降，他就把绸子换成绿色的。

有趣的是，鸽子喜欢相互串飞，如果自家的鸽子训练得不

熟练，很可能被人家的鸽子拐走。因此，梅兰芳要手举高竿，不断摇动，给鸽子发出信号，同时还要仰着头，抬着眼，极目注视着高空中的鸽群，要极力分辨出里面有没有混入别家的鸽子。

天长日久地练下来，梅兰芳的眼皮不下垂了，眼神不呆滞了，注意力也更加容易集中了。后来，梅兰芳发奋学戏，创立了梅派，成为我国一代京剧宗师，名列四大名旦之首。

做好分内事

感悟
gǎnwù

现代社会的职责都是有界限的，每人都应该学会分工协作。"负责过头"未必是好事，那会分散自己的注意力，甚至有可能导致做不好本职工作。很多情况下我们不能几者兼顾，例如不能一边看电视一边写作业，那样既得不到享受也写不好作业，不如集中精力只做一件事。

我经常出入医学院附属的儿童医院，与那里的医生、实习生接触频繁。负责接待我的马罗尔医生手下有两名实习医生，一男一女。接触多了，我发现二人的工作态度有天壤之别。男实习生纳特总是神采奕奕、白大褂一尘不染。女实习生埃米则总是马不停蹄地从一个病房赶到另一个病房，白大褂上经常沾着药水、小病号的果汁和菜汤。

纳特严格遵守印第安纳州的医生法定工作时间，一分钟也不肯超时。除了夜班，他不会在上午8点前出现，下午5点之后便踪影全无。埃米每天清晨就走进病房，有时按时回家，有时却一直待到深夜。

虽然见面时，纳特总是神闲气定，平易近人，但我觉得他对医生的责任划分过于泾渭分明了。我不止一次听他说："请你去找护士，这不是医生的职责。"埃米正相反，她身兼数职：为小病号量体重——护士的活儿；给小病人喂饭——护士助理的活儿；帮家长订食谱——营养师的活儿；推病人去拍X光片——输送助理的活儿。

医学院每年期末都要评选5名最佳实习医生。我想埃米一定会入选，医生如果都像她那样忘我就好了！但评选结果却令我大吃一惊，埃米落选了，纳特却出现在光荣榜上。这怎么可能呢？我找到马罗尔医生，问他是否知道最佳实习医生评选的事。"当然知道，我是评委之一。"马罗尔医生说。

"为什么埃米没当选？她是所有实习医生中最负责的人。"我愤愤不平地问。马罗尔医生的回答令我终生难忘，也彻底改变了我对"职责"一词的理解。

埃米落选的原因是她"负责过头了"。她把为病人治病当成了自己一个人的职责，事无巨细统统包揽。但世界上没有超人，缺乏休息使她疲惫不堪、情绪波动、工作容易出错。纳特则看到了职责的界限。他知道医生只是治疗的一个环节，是救死扶伤团队中的一员，病人只有在医生、护士、营养师、药剂师等众多医务工作者的共同努力下，才能更快康复。他严格遵守游戏规则，不越雷池半步，把时间花在医生的职责界限内。因此，纳特能精力充沛，注意力高度集中，很少出错。

马罗尔医生最后说："埃米精神可嘉，但她的做法在实践上行不通。医学院教了她 4 年儿科知识，并不是让她来当护士或者营养师的，我们希望她能学会只负分内的责任。"

第2章
伟大的发现始于观察

　　观察使人头脑中的智慧有了生机和翅膀，观察是智力活动的开端和源泉。如果一个人的亲身观察有限，他的知识就是浮光掠影的，他的智力活动就会成为无本之木，一切行动都会显得苍白无力。大自然给我们提供了观察的舞台，生命赋予我们观察的力量，心灵告诉我们观察的技巧，生活告诉我们观察的奥妙。让我们用眼睛去看，用耳朵去听，用双手去触摸，用心去发现这个斑斓美丽的世界。

·吃草的家伙·

感悟
ganwu

故事中的居维叶因为善于观察，所以轻而易举地识破了学生的恶作剧。生活中，我们只有善于观察，才能有所发现，才能看清事物的本质。

这是两百年前发生在法国著名的动物学家居维叶身边的一个小故事。

有一次，居维叶的一个顽皮学生想跟他开个玩笑，吓一吓他。当夜深人静的时候，那个学生把自己装扮成一个头上竖着两只大角、四肢长着蹄子、张着血盆大口的"怪兽"，偷偷地爬进了居维叶的房间。居维叶当时正在熟睡，丝毫没有觉察到有什么异样。那学生突然发出了凶猛的嘶吼声，并做出要吃人的样子。居维叶被惊醒了，他先是一愣，然后迅速起身，考虑怎样才能安全地逃走。可当他借着灯光仔细地看了看那头"怪兽"后，突然笑起来，说："原来是个吃草的家伙，我又何必怕你呢？"说完，又继续睡他的安稳觉去了。那个学生讨了个没趣，只好讪讪地退了出去。

第二天，那个学生实在想不通，就去问居维叶："老师，昨天晚上您屋里没钻进一个'怪兽'吗？"居维叶风趣地说："我是专门研究生物的，当然很欢迎各种'怪兽'到我房间做客，不论是白天还是黑夜。"那个学生又问："您怎么一看就知道那个'怪兽'只会吃草而不会吃人呢？"居维叶说："判断一个动物是吃草的还是吃肉的，只要看一下它的四肢、口腔、牙齿和颌骨，就会一清二楚。如果一个动物是吃肉的，它口腔上下的骨头和肌肉一定适宜吞食生肉，牙齿一定十分锋利，能嚼碎生肉；眼睛、鼻子、耳朵一定善于发现远处的猎物；它的四肢也一定适宜追赶、捕捉猎物。昨天晚上那个'怪兽'，我一看它的四肢，就知道它是吃草的，不会伤害我，因为它的四肢上长的是蹄子，坚硬的蹄子是不适宜追赶、捕捉猎物的，像老黄牛和山羊，就抓不住任何小动物。所以，我可以断定那个'怪兽'是吃草的。"

顽皮的学生这才知道自己恶作剧失败的原因在哪里。他说："请老师饶恕我，我的顽皮让老师吃了一惊。"居维叶笑了笑，说："顽皮并不可怕，可怕的是无知。好好学习吧！"

过于注重外表，往往会上当受骗

有一所中学请一位著名的教授来给学生作一次演讲。

在演讲之前，教授拿了两杯水，一杯黄色的，一杯透明的，故作神秘地对学生说："待一会儿，你们从这两杯水中选择其中的一杯尝一下，不管是什么味道，先不要说出来，等实验完毕后我再向大家解释。"

随后先问甲乙两位同学："那么你们想喝哪杯水？"甲乙二人看了看，都说要黄色的那杯，接着教授又去问丙丁两位同学，丙丁二人也同样要尝试黄色的那杯。教授满足了他们的要求。就这样，总共有200多个同学作了尝试，其中只有1/3的同学选择了透明的那杯。

之后，教授问同学们："黄色的那杯是什么水？"2/3的同学伸出舌头回答："是黄连水。"说完就哈哈笑起来。

"那你们为什么想要尝试这一杯呢？"教授接着问道。

那些同学又回答："因为它看起来像果汁。"

教授笑了笑，接着又问尝过另外一杯水的同学。这些同学大声答道："是蜂蜜。"

"那你们为什么选择尝试透明的这杯呢？"

"因为掺杂了色素的水虽然好喝、好看，但是并不能解渴呀！况且色素对人体是不健康的！"这些喝过蜂蜜的同学笑着答道。

听完了同学们的回答，教授又笑了笑，说道："绝大多数的同学选择了很苦的黄连水，因为它看起来像果汁；只有极少数的同学尝到了蜂蜜，这是为什么呢？其实，在我看来，人生

感 悟
ganwu

很多时候，我们不能根据事物的外表来判断其实质，外表华美艳丽的不一定是好东西，而外表朴素平常的也不一定就是坏东西。

的过程也就像选择两杯不同颜色的水，一旦选择了一种，便意味着放弃了另一种。大多数人都会选择有颜色的耀眼的那杯，只有极少数人才会选择不太起眼的、不招人喜欢的、很平常的那杯。前者追寻艳丽，相对来说很前卫，因而往往会尝到苦味，而后者因为并不注重于颜色，很看重现实，所以能尝到甜头。"

·找 甜 瓜·

感悟
gǎnwù

小猴儿能够找到甜瓜是因为它观察到的甜瓜的具体位置，是以大树为参照物的，而胖野猪和大猩猩虽然也找了参照物，但它们的参照物都是会移动的，随时间变化会离开原来的位置。观察时要找到合适的方法，才不会做无用之功。

一天，小猴儿在树林里和小伙伴们玩耍。太阳快下山了，小猴儿走在回家的路上，幸运的它捡到了一个又香又大的甜瓜。刚准备吃时，不知从哪儿钻出来一只胖野猪，它一见甜瓜，馋得口水都流下来了，便亲切地问道："小猴儿，这甜瓜你是在哪儿找到的呀？"

小猴儿往路边一指说："就在路……"还没等小猴儿说完，胖野猪赶快抢着说："是在路边找到的吧！"

"是的！"

"啊！小猴儿，这瓜我早看见了，你可不能吃呀！谁先看见该谁吃。"

"你瞎说，明明是我先找着的啊。"

"我是先看见的，就该我吃。"

小猴儿和胖野猪吵起来了。吵得正热闹时，走来了一只大猩猩，小猴儿忙让它过来评评理。

大猩猩一听有甜瓜，赶紧瞪大眼睛，一瞧，嘿，可真是个又大又香的甜瓜呀！大猩猩也嘴馋了，连忙说道："哦，我说你们都别吵了，这个甜瓜嘛，我早就看见了，你们都让开，让开，该我吃！"

坏了，大猩猩也要抢甜瓜吃！小猴儿急中生智："等一等，咱们都别吵了，现在天快黑了，我看，先把甜瓜藏起来，等明天一早，咱们再来找，谁找着谁就吃，你们说好不好？"

大猩猩和胖野猪都答应了，于是它们把甜瓜放在地上，扫了一些树叶把甜瓜盖好。

大猩猩心想：我得认好地方，明天一早就来找。它抬头看看，这时候太阳在西边山头那儿，都快下山了，便小声对自己说："我记住了，甜瓜就藏在太阳光的前边。"

胖野猪也想：我得记好地方，明天一早好来找。它抬头一看，看见天上有片云彩，就小声对自己说："我记住了，甜瓜就藏在云彩底下的树叶堆里。"

小猴子想："这里有四棵松树排成一排，在松树的当中，有一堆树叶，甜瓜就藏在树叶里。"

第二天一早，大猩猩最先走来了，它记住甜瓜是放在太阳光前边的那个树叶堆里，于是就往太阳光照着的地方去找。它低着头，找呀找呀，累得脖子又酸又疼，呼哧呼哧直喘气，还是没找到。

胖野猪跟着也去了，它记着甜瓜就藏在一片云彩下面的树叶堆里！于是就朝有云彩的地方跑。跑啊跑啊，累得它两眼直冒金花，也没找到甜瓜。

小猴儿最后才去。它记得藏甜瓜的地方有四棵松树，松树当中有一堆树叶。它到那里一找，没费多大工夫，就找到了昨天那个又大又香的甜瓜！

小松鼠眼中的"木桩"

达尔文是一位世界有名的科学家，他从小就喜欢观察花草树木是怎样生长的、鸟兽虫鱼是怎样生活的。蝴蝶呀，蜻蜓呀，他都采集来做标本。

他每天结束工作以后，都喜欢在树林里散步，呼吸新鲜空气。可是即使在这种时候，他也会认真观察树林里的

感悟
ganwu

观察，是随时随地都可以进行的，只有不断观察，不断积累，才能从点滴中获取各种有效的信息，为取得成功奠定基础。

东西。一棵小草的变化，一条小虫的蠕动，都能使他产生极大的兴趣。

有一次，达尔文看见树上有几只小鸟，就站住了，仰着头仔细观察它们的一举一动。为了不惊动它们，他一动不动地站在树下，小鸟歪头鸣叫的憨态深深地吸引了他。过了好久，一只小松鼠以为他是一根木桩，竟然顺着他的腿，爬上了他的肩膀。

达尔文在长期的科学研究工作中，观察过许多动物和植物，积累了大量的第一手资料，这为他后来提出进化论提供了可靠的依据。

别丢掉好奇心

一天早晨，化学家波义耳正要照例到实验室巡视，一位花匠走进他的书房，在屋子的角落摆下一篮美丽的深紫色紫罗兰。波义耳随手拿起一束紫罗兰，他一边观赏着一边向实验室走去。紫罗兰那艳丽的色彩和扑鼻的芬芳使人感到心旷神怡，波义耳感到心情特别舒畅。

"威廉，有什么新情况吗？"波义耳刚走进实验室就询问一个年轻的助手。

"昨天晚上运来了两大瓶盐酸。"助手向波义耳汇报道。

"我想看看这种酸，请从烧瓶里倒出一点来。"

波义耳边说边把紫罗兰放在桌子上，去帮助威廉倒盐酸。盐酸挥发出刺鼻的气体，像白烟一样从瓶口涌出，倒进烧瓶里的淡黄色液体也在冒着白烟。

"威廉，这盐酸好极了。"波义耳高兴地说，他从桌上拿起那束花，要回书房去。这时，他突然发现紫罗兰上冒出轻烟，原来盐酸的飞沫溅到花朵上了。他赶紧把花放进水盆中清洗。令人奇怪的是，紫罗兰的颜色变红了。

感悟
ganwu

因为好奇心的逐渐泯灭，我们的观察能力也在逐渐消失。我们对各种事物的好奇心越强烈，就越具有探索的欲望，保持好奇心会让我们的观察力永远年轻。

这个偶然的奇异现象引起了波义耳的兴趣。他走回书房，把那个盛满鲜花的篮子拿到实验室，对威廉说："取几只杯子，每种酸都倒一点，再拿些水来。"

年轻的助手按照波义耳的吩咐，一个杯子倒进一种酸，再往每个杯子里放进一朵花。波义耳坐在椅子上观察着。深紫色的花朵逐渐变色了，先是带点淡红，最后完全变成了红色。

"威廉，看清了吗？不仅是盐酸，其他各种酸，都能使紫罗兰由紫变红！"波义耳兴奋地说："这可太重要了！要判别一种溶液是不是酸，只要把紫罗兰的花瓣放进溶液就可以判别了！"

"可惜紫罗兰不是一年四季都开花的！"威廉带着惋惜的口气说。

"你学会动脑筋了。为了方便鉴别溶液的酸性和碱性，我们该做些什么呢？"波义耳向助手提出了新的问题。

不久，他们研制出一种用石蕊浸泡过的指示纸，很方便地就能分辨出什么是酸什么是碱。这对化学研究工作有重要的意义。

你坚持每天观察鸽子吗

有一个12岁的孩子非常喜欢养鸽子，父亲允许了。从此以后他们家的阳台上就住下了一群新的家庭成员，给男孩带来了许多乐趣。他和鸽子成了好朋友，天天观察鸽子的习性，并写出观察日记，把鸽子的情况记录下来。

三个月后，父亲想对孩子的观察能力进行检查，于是，他问男孩："你坚持每天观察鸽子吗？"男孩说："是的，爸爸。""那么，你肯定观察了鸽子的生长发育过程，现在我来问问你。""好的，爸爸。"男孩显然非常高兴，因为他观察的事物终于有人感兴趣了。

父亲问："你观察到鸽子每隔多长时间产一次卵？"

男孩回答："差不多一个月产一次卵。"

父亲问："那么每次产卵产几个？"

男孩回答："两个。"

父亲问："鸽子产完卵要不要孵卵？一般是雌鸽还是雄鸽来孵卵？"

男孩回答："雌鸽来孵卵，不过，我好像看到雄鸽也孵过卵。是不是雌鸽雄鸽接替孵卵的？"

父亲没有回答儿子的话，接着问："孵卵一般需要多长时间？"

男孩回答："20天左右。"

父亲问："刚出壳的小鸽子有什么特点吗？"

男孩回答："小鸽子出来的时候很弱小，闭着眼睛，羽毛还没长好，走起路来摇摇摆摆的。"

父亲问："那小鸽子怎么进食的？"

男孩回答："小鸽子刚孵出来的时候，不会自己找食物吃，都是大鸽子喂给它吃的。"

父亲问："大鸽子是怎么喂的？"

男孩回答："大鸽子好像先自己嚼碎了再喂给小鸽子吃。"

父亲笑了，拍着男孩的肩膀说："好孩子，你观察得非常仔细，知道了以前不知道的事。继续努力！"这个受到鼓舞的男孩，从此更加认真地去观察，去写观察日记。他的作文水平和观察能力都有了进一步提高。

感悟
gǎnwù

观察并非一朝一夕就会有所收获，如我们在观察小动物的生长过程时，可以用记观察日记的方式来记录，这样，我们就会得到真实的第一手材料，同时锻炼了我们的观察力。

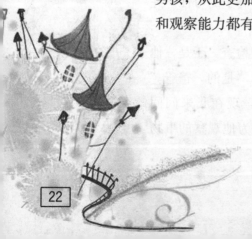

打开你心中的那扇门

古时候，有一个国王想委任一名官员担任一项重要职务，于是就召集了朝中那些聪明机智和文武双全的官员，想看他们谁能胜任。

国王说："我有个问题，想看看谁能解决它。"国王领着这些人来到一座大门——一座谁也没有见过的巨大的门前。

"你们看到的这扇门，不但是最大的，而且是最重的，你们当中有谁能把它打开？"

许多大臣见到大门后摇头摆手，有的走近看看，有的则无动于衷。在不知道怎么办的情况下，保持沉默的确是个好办法。

只有一位大臣，他走到大门外，用眼睛和手仔细检查，然后又尝试了各种方法。最后，他抓住一条沉重的链子一拉，这扇巨大的门开了。

国王说："你将在朝廷中担任要职。"

其实，大门并没有完全关死，那一条细小的缝隙就隐藏在严密的假象中，任何人只要仔细观察，再加上有胆量去试一下都能打开它。

这扇巨大的门就好比我们学习当中遇到的难题，其实，只要仔细观察题中所给出的条件，仔细分析，总会找到正确答案。然而，我们往往会因为种种原因如胆怯、担心时间不够用、害怕所作所为被他人耻笑而放弃观察和思考。其实，这些都是不必要的，没有勇气身体力行，观察会成为结不了果的花。

博士

有一个博士分到一家研究所，成为这家研究所学历最高的一个人。

他有一个业余爱好，就是喜欢垂钓。有一天，他到单位后面的小池塘去钓鱼，正好正副所长在他的一左一右，也在钓鱼。

他只是微微点了点头，算是和两位所长打了招呼，这两个本科生，和他们有啥好聊的呢？

时间过得很快，三个人均有不同程度的收获。不一会儿，正所长放下钓竿，伸伸懒腰，噌噌噌从水面上如飞地走到对面上厕所。

博士眼睛睁得都快掉下来了。水上漂？不会吧？这可是一个池塘啊。

正所长上完厕所回来的时候，同样也是噌噌噌地从水上漂回来了。

怎么回事？博士生又不好去问，自己是博士生啊！他坐在那里百思不得其解。

过一阵，副所长也站起来，走几步，噌噌噌地漂过水面上厕所。这下子博士更是差点昏倒，不会吧，到了一个江湖高手集中的地方？看那两个人神闲气定的样子，他真难以把他们和高手联系起来。但事实又让他不得不信。

博士生也内急了。这个池塘两边有围墙，要到对面厕所非得绕十分钟的路，而回单位上又太远，怎么办？

博士生也不愿意去问两位所长，他可不想被人耻笑自己不如人。他看了看宽阔的水面，也起身往水里跨：我就不信本科生能过的水面，我博士生不能过。

只听"咚"的一声，博士生栽到了水里。

两位所长将他拉了出来，问他："你该不是想下河捞鱼吧？"他抹了抹湿淋淋的脸，问："为什么你们可以走过去呢？"

两位所长相视一笑："这池塘里有两排木桩子，由于这两天下雨涨水正好在水面下。我们都知道这木桩的位置，所以可以踩着桩子过去。你怎么不看看呢？"

感悟
gǎnwù

如果这位博士能好好地观察一下池塘的环境，他就不会一头栽在水里。在学习过程中，观察是前提，如在生物课上，当我们要学习一种新的植物时，首先就要对它的花、叶、茎、根进行仔细的观察，然后再对它进行更进一步的学习和研究。

蹄印里的知识

很早以前，有一个少年和他的爷爷沿着马路散步，一个人骑着马呼啸而过，沙地上留下了深深的马蹄印。爷爷决定考考孙子，于是指着路上的马蹄印问孙子："你读了几年书，也学了不少知识，那你告诉我，这匹马的蹄印里写了些什么？"

少年蹲下来看了看回答说："爷爷，蹄印里一个字也没有啊！"

"里面是写了东西的，你必须读懂它。"爷爷接着说。

少年又仔细地瞧了一会儿后说："可是我什么也看不出来啊！它只是一对普通的马蹄印。"

"如果你再看得仔细些，就可以看出，刚刚过去的这匹马的右后蹄的蹄掌已经掉了三个钉子，如果这样进城，就会失落蹄铁而受伤。小伙子，你懂吗？世上有很多记载是不用文字的，你要学会阅读这些才行。"

猫

第一次世界大战期间，德法两国军队在一块开阔地带对峙。双方进行了多次交战，并没有明显的胜负。某次交战之前，德军一名参谋长天天拿着望远镜观察法军阵地上的情况。

一天早上，在法军前沿边地后方的一个坟地上，突然发现一只猫，这只胖胖的小家伙眯着眼，悠闲地散着步。以后一连四天，这只猫在早上八九点钟总要出来安闲地晒太阳。这一看似平常的情况并没有被富有经验的德军指挥官忽视，他们聚在一起开了个会。

德军指挥官们分析了这一情况：这是一只家猫，这一点从它的悠闲程度可以看出；坟地周围没有村庄，它的安身处可能

在地下。因此，坟地下面很可能是个高级指挥所，因为打仗的时候，连长、营长是没有心思玩猫的，它只能是高级军官的宠物。

根据这种判断，在一个安静的凌晨，德军集中了六个炮兵营进行轰击，把整个坟场炸成了平地。事后查明，这里是法军一个旅的指挥所，炮火轰击使指挥所内的人员全部毙命。至于那只透露了军事秘密的猫，大家也没有再看到过。

你发现问题了吗

英国科学家亨特平时不仅喜欢思考，更喜欢观察。

有一次，亨特到公园去看鹿，看着每个鹿都有漂亮的鹿角，亨特突然对鹿角发生了兴趣。他摸了摸鹿角，发现鹿角是热的。为什么鹿角是热的呢？亨特很好奇，他仔细观察了一下，发现鹿角里布满了血管。

亨特想，如果将鹿角的侧外颈动脉系住一段时间，会怎么样呢？

于是，他回家做了实验。他把一个鹿角的侧外颈动脉系住后，发现鹿角顿时冷了下来，在一段时间内不再生长了。

过了几天，鹿角又变暖了。亨特发现并不是系带松动了，而是附近的血管扩张了，输送了充足的血液。于是亨特发现了侧支循环及其扩张的可能性。

在这个发现的指引下，进而产生了外科学上的亨特氏手术法。

九方皋相马

从前，有一个叫伯乐的人对于相马很有心得，被他看中的马，都是千里良驹。深谋远虑的秦穆公看到伯乐年事已高，为

感 悟
ganwu

带着问题去观察，是我们常用的方式，这也会使观察更具有集中性和目的性。在观察一件事时，我们可以将不明白的问题逐个记录下来，再逐步深入找到问题的答案。

使相马事业后继有人，便问伯乐能否从其家属中找个能相马的人来接他的班。伯乐说自己的子辈"皆下才"，不堪重任，只有曾同他一块担菜挑柴的九方皋才能担当此任。伯乐把九方皋带到了秦穆公处，秦穆公让其识马。九方皋选好一匹马，说选好的马是"牝而黄"，即黄色的母马，而秦穆公看到的却是"牡而骊"，即黑色的公马。秦穆公很生气，认为他连马的颜色和雌雄都分不清，怎能相马呢？伯乐却赞叹说："这是他比我高明的地方，他只看到了精而忽略了粗，只看到了他所需要看到的，而忽视了他所不需要看到的。"

经过仔细观察，九方皋挑的马果然是一匹天下少有的好马。

九方皋的识马方法非同寻常，他的高明之处在于他懂得看事物时要抓住那些主要的、与本质有关的现象，舍弃那些次要的、无关紧要的东西，也就是运用"去粗取精"的方法。他在相马时，忽略了马的牝牡黄骊的区别，不把观察力放在马的性别、色泽上，而是主要抓住外形、骨架等方面的本质特征，正如伯乐所言，他只看到了他所需要看到的，而忽视了他不需要看到的，因而抓住了一匹好马的本质特征，从而挑选出一匹天下少有的好马。

观察＝有心＋细心

从前，有个叫阿牛的人，画画得很好，特别是画牛最拿手。但是，他早年学画牛的时候曾出过笑话。

一次，他拿着一幅自己画的《斗牛图》，觉得自己画得特别好，就拿给一个牧童看。心里想：牧童一定会说我画得像。谁知牧童一看，不禁笑起来。阿牛问他为什么笑，牧童说："牛斗架时，浑身的力气都用在角上，牛的尾巴是夹在屁股沟里的，怎么会左右摇摆呢？"阿牛的脸刷地就红了，心里感到很惭

观察要有主次之分，面对纷繁复杂的事物，我们需要练就一双"火眼金睛"，学会"去粗取精"，找到自己最需要的那一部分。这一点在做选择题时尤其重要，分析题目，理清主次，排除那些故意干扰我们思维的条件，这样，再难的题也能迎刃而解了。

愧。为此他拿了一把青草故意引起两只牛争斗，结果果然如牧童所言。阿牛明白了，不是自己画工不好，而是缺乏对生活的观察。

为了能充分表现牛斗架时的野性，在此后的一段时间里，阿牛特意对牛进行了反复细致的观察，每天都在牛圈里徘徊，观察牛的各种情态习性，牛的一举一动都刻在了他的心里，甚至他的梦里都是牛。在对牛熟谙以后，他又做了一幅《斗牛图》，又拿给那个牧童看。牧童把画拿在手里，久久地凝视着。阿牛心里很担心，牧童会不会又说自己画得不好呢？过了好大一会儿，牧童突然说："这牛是我的吧？"听了这句话，阿牛紧皱的眉头才舒展开来，因为他知道这幅画成功了。

仔细观察研究的道尔顿

道尔顿是英国著名的化学家，是原子学说的创始人，也是世界上首次发现色盲现象的人。道尔顿出生在一个农民家庭，由于家境贫寒，他没有受过正规教育。后来他结识了一个叫约翰·顾的盲人，这个盲人很有学问，道尔顿就拜他为师，虚心求教。经过多年的勤奋努力，道尔顿学到了许多关于数学、哲学以及拉丁文、希腊文的知识。

与牛顿一样，细心钻研、深入探索各种奇特的自然现象，也是道尔顿在学习上的一大特点。他不轻易相信书本上的一些理论，对前人的知识，他要经过独立思考和实验证实之后才吸收。

他还善于抓住观察到的现象查找原因，这使他发现了色盲现象。在道尔顿28岁那年，母亲过生日，送给母亲什么好呢？经过思考，他决定送给母亲一双袜子，因为母亲的袜子都太破了。他买了一双漂亮的灰色袜子作为生日礼物送给母亲，并对母亲的养育进行感谢。母亲接过来一看，笑着说："傻孩子，我这么大年纪，怎么能穿这样的红袜子呀!"

道尔顿感到非常奇怪，为什么自己看是灰色的，而别人看是红色的？于是他问道："亲爱的妈妈，您真的觉得这袜子是红色的吗?"

"是啊，儿子，虽然它们是红色的，可我还是非常喜欢。"母亲抚摸着袜子笑了。

同一双袜子不同的人看来会有不同的颜色，这种现象吸引了他，他没有轻易放过，而是对这种现象作了仔细的观察研究。他发现很多人都存在这种色盲现象，也就是说，色盲是一种常见的病理现象。接着，他又对造成色盲的病理原因进行了深入的研究。

磁疗表带的问世

日本东京都中野区，住着一个穷困潦倒的知识分子——田中正一，他没有职业，一文不名，却整天关着门在家里研制一种"铁酸盐磁铁"，被邻居看成"怪人"。

当时，他患上了"神经痛"的毛病，怎么治也治不好，这让他十分痛苦。可是，每逢星期四，他还是坚持带着许多制好的磁石，到大井都工业试验所去测试。时间一长，他渐渐有了一种感觉：似乎每逢星期四，他的神经痛都会得到缓解。于是，他又观察了几个星期，发现确实每到星期四，也就是他带着磁石去试验所测试的时候，他的神经痛就会有所减轻。

所以，他找来一条橡皮膏，在上面均匀地粘上五粒小磁石，然后把橡皮膏贴在自己的手腕上做试验。很快，他发现这东西对治疗神经痛非常有效，就立即申请了专利。取得专利权后，他模仿表带的样式，制造出了四周镶有六粒小磁石的磁疗带，向市场推出。

产品上市后，果然不同凡响，全日本都出现了人人争购的现象。工厂三班制生产也供不应求。在销售最好的时期，仅一周销售额就达两亿日元。就这样，转眼之间，一个穷汉就变成了大富翁！

让鸡蛋帮他成功

横看成岭侧成峰，远近高低各不同。在学画画时，试着去换一个角度观察事物，同一个事物就能呈现出不同的差别，耐心观察，并将这种差别描绘在画纸上，不知不觉中，你的画技就得到了提高。

达·芬奇是意大利文艺复兴时期的伟大画家。他的名画《蒙娜丽莎》中蒙娜丽莎的迷人的微笑，《最后的晚餐》中耶稣和众门徒的微妙的心理，都给人以难忘的印象。

达·芬奇在很小的时候就非常喜欢画画，于是父亲就把他送到欧洲的艺术中心佛罗伦萨，拜著名的画家和雕塑家费罗基俄为师。

费罗基俄是个非常严格的老师，学习的第一天，他在达·芬奇面前放了几只鸡蛋，让他画蛋。让他横着画，竖着画，正面画，反面画。

达·芬奇画了一天就厌倦了，画来画去不就是几只鸡蛋吗？有什么要练的？但是老师却一直让他画蛋，画了一天又一天。

达·芬奇想：画蛋有什么技巧呢？于是向老师提出了疑问。

费罗基俄回答说："要做一个伟大的画家，就要有扎实的基本功。画蛋就是锻炼你的基本功啊。你看，1 000个蛋中没有两个蛋是完全一样的。同一个蛋，从不同的角度看，它的形态也不一样。通过画蛋，你就能提高观察能力，就能发现每个蛋之间的微小的差别，就能锻炼你的手眼的协调，做到得心应手。"

达·芬奇听后觉得很有道理，从此他更加认真地学习画蛋：天天对着蛋画，努力将各种绘画技巧融于其中。并且不再觉得画蛋是一件枯燥的事。

3 年以后，达·芬奇的手仿佛有了感觉，想画什么就画什么，画什么就像什么。于是终于有了经典的传世之作。

作文课上

有一位父亲非常重视儿子的教育，在儿子明明学会写拼音后，就送他去学校学习作文。老师让明明描写自己的父亲，明明写道："我的爸爸长着一个大大的脑袋，脑袋上有两只炯炯有神的大眼睛，眼睛下是一个高高的鼻子，鼻子下面是一张大嘴。他有两条腿，两只胳膊。"

老师看了看，说："第一次写成这样也不错，可是……你再写写你的母亲吧。"

明明写道："我的妈妈长着一颗大大的脑袋，脑袋上面有一对炯炯有神的大眼睛，眼睛下面是一个高高的……"

老师摇了摇头，指着同学娇娇问："她长得是什么样子？"

明明不假思索，张口就说："娇娇长着一颗大脑袋，脑袋上面有一对炯炯有神……"

娇娇早就笑得倒在地上："明明，你太可笑了，每个人写得都一样。哈哈哈！"

明明气得冲着娇娇大叫："你敢嘲笑我！难道我说错了吗？"两个人你一言我一语争吵起来。

老师叹了口气说："现在我们班里有两个人在吵架。其中一个长着一颗大脑袋，脑袋上面有一双炯炯有神的……另一个也是长着一颗大脑袋，脑袋上面……"明明打断老师的话，问老师："老师，您真是越来越啰唆了。请讲清楚一点，哪个是我？"老师反问："难道我描述得不对吗？"

明明说："不是不对。不过……可是……"

娇娇抢着说："老师，您和明明一样，描写人物外貌挺全

感悟
gǎnwù

世界上没有完全相同的两片叶子，更何况是完全相同的两个人呢！可是，在我们的写人作文中，常常会出现千篇一律的写作手法，不能推陈出新，原因就在于我们没有认真地去观察事物的本来面目，所以就没有看到人物身上最特殊的地方。要想使笔下的人物栩栩如生，就要认真观察人物的一举一动，这样才能写得生动具体。

面，可就是没抓住特点，让人搞不清您写的是谁。"

老师笑着说："娇娇说得很对，明明明白了吗？"

明明想了想，红着脸说："我明白了。可是，所有的人都长着两条腿，一个脑袋。脑袋上都长着眼睛、鼻子和嘴巴。怎样把他们区别开呢？"

老师笑着说："要想把每个人都写得栩栩如生，让人一看就知道写的是谁，那就要学会在观察人物时抓住他的特点。"

娇娇抢先说道："我知道，我知道。就是要写一个人和别人不一样的地方。比如刀疤叔叔，就要捕捉到他额头上的伤痕，而没有必要说大脑袋两条腿什么的。"

老师高兴地说："娇娇说得不错。怎样才能熟练地抓住事物的特点呢？大家要多多留心观察，还可以作编谜语练习。明明你懂了吗？"

能人的决策

感悟
ganwu

当我们要评价一个人，或者是对一种事物下定论，首先要观察，因为没有观察就没有发言权，同时观察也要克服急躁这个天敌，耐心是为了更好地发现。

有一个单位近来风气很不好，办公室里比自由市场还自由，大家在工作时间聊天、打扑克、上网。单位的效益也就自然在走下坡路。有远见的人都很担心，这样下去大家都没有好处。这几天，大多数的人都很兴奋，因为单位里调来一位新主管，据说是个能人，专门被派来整顿业务。可是日子一天天过去了，新主管却毫无作为，每天彬彬有礼地进入办公室后便躲在里面难得出门，那些本来紧张得要死的坏分子，现在反而更猖獗了。

他哪里是个能人嘛！根本是个老好人，比以前的主管更容易唬！

四个月过去，就在真正为新主管感到失望时，新主管却发威了——坏分子一律开除，能人则获得晋升，下手之快，断事之准，与四个月表现保守的他，简直像是全然换了个人。这一举动让大家惊诧不已，没有一个人敢问一下原因。现在，留下的全部是勤恳能干的人，单位又恢复了以前的风气。

年终聚餐时，新主管在酒过三巡之后致词："相信大家对我新到任期间的表现，和后来的大刀阔斧，一定感到不解，现在听我说个故事，各位就明白了。我有位朋友，买了栋带着大院的房子，他一搬进去，就将那院子全面整顿，杂草树一律清除，改种自己新买的花卉。某日原先的屋主造访，进门大吃一惊地问：'那最名贵的牡丹哪里去了？'我这位朋友才发现，他竟然把牡丹当草给铲了。后来他又买了一栋房子，虽然院子更是杂乱，他却是按兵不动，果然冬天以为是杂树的植物，春天里开了繁花；春天以为是野草的，夏天里成了锦簇；半年都没有动静的小树，秋天居然红了叶。直到暮秋，他才真正认清哪些是无用的植物而大力铲除，并使所有珍贵的草木得以保存。"说到这儿，主管举起杯来："让我敬在座的每一位，因为如果这里是个花园，你们就都是其间的珍木，珍木不可能一年到头开花结果，只有经过长期的观察才认得出啊！"

陈平与船夫

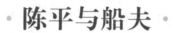

秦末楚汉相争的时候，项羽手下兵多将广，谋士众多。但项羽是一介武夫，只知用力，不知斗智，聪明的人都看出他终究不是刘邦的对手，所以都跑去投奔刘邦。谋士陈平早有背项投刘之意，只是没得到机会。这一次，机会终于来了，项刘两军又在黄河两岸对垒。渡过河去，就是刘邦大营了。陈平瞅个机会，背了随身衣服溜出项羽大营，穿小路来到黄河边，在一僻静处寻到一条小船，求船夫把他渡过河去，讲定银两，船夫答应了。

上了船，船夫向对岸划去，却不时用眼睛瞅着陈平。目光很邪恶，尤其是在看陈平的包袱的时候，流露出一股贪婪之

感悟
gǎnwù

陈平从观察船夫的神态中，猜测出船夫的意图，并及时地化解了危机。在我们做化学和物理实验时，也极易产生危险。此时，我们就要像陈平那样，善于观察，灵活应对在实验过程中出现的问题。

意。陈平是机灵之人，不久就明白了船夫想干什么。原来陈平为逃出项营，换上了昔日的绸缎衣服，又随身背了个包袱，看来船夫是把他当成富商，想点子谋他钱财了。其实，陈平为了逃跑轻快，并没带多少银钱。陈平暗想，若在旱地上，别说一个船夫，就是这么十个八个，也不是自己的对手。但现在是在湍急的黄河上面，自己虽然会点水，但比起船夫来那肯定差得远，若他动起手来，说不定自己会丢了性命。怎么办呢？陈平想，船夫谋的不是自己的性命，而是自己的钱财，让他明白自己没带多少钱，他肯定是不会动手的。但此事又不好明说，怎么办呢？陈平灵机一动，自己何不来个自亮底细。

想到这里，陈平不慌不忙地解开包袱，把带着的衣服一件件抖开。那船夫果然把目光盯在包袱上。抖完衣服，陈平把那仅带的几两碎银子放在包袱边，取过一件短衣，脱下身上衣服。船夫果然又盯着陈平身上，看他带着钱没有。陈平脱得精光，让船夫看清之后，他慢慢换上短衣，拿了条竹竿，帮船夫撑起船来，并表现出蛮内行的样子。

船夫原想到河心动手，打陈平下船，然后抢包袱内的银钱。可看明白了包袱中无甚钱财，客人身上也没带钱时，船夫改变了主意。等看到陈平也习水会船，船夫更不敢妄动了，平安地把陈平撑到对岸。陈平付了船钱，奔刘邦大营去了。

陈平看透了船夫的谋财企图，明明白白地向船夫表示出自己并不像他想象中的带了许多钱，打消了船夫的谋财企图，得以平安脱身。

赶车人的发现

柯南·道尔是英国杰出的侦探小说家、剧作家，被称为"英国侦探小说之父"。有一次，他在巴黎叫了一辆出租马车。他先把旅行包扔进了车里，然后爬了上去。但还没有等他开口，赶车人就说："柯南先生，你上哪儿去?"

"你认识我?"作家有点诧异地问。

"不，从来没有见过。"

"那么你怎么知道我是柯南·道尔呢?"他突然对这个赶车人发生了浓厚的兴趣，没准这又是一个好的写作素材呢。

"这个，"赶车人说，"我在报纸上看到你在法国南部度假的消息，看到你是从马赛开来的一列火车上下来的；我注意到你的皮肤黝黑，这说明你在阳光充足的地方至少待了一个多星期；我从你右手指上的墨水渍来推断，这说明你肯定是一个作家；另外你还具有外科医生那种敏锐的目光并穿着英国式样的服装。我认为你肯定就是柯南·道尔!"

柯南·道尔大吃一惊："既然你能从所有这些细微的观察认出我来，那么你自己和福尔摩斯也不相上下了。"

"还有，"赶车人说，"还有一个小小的事实。"

"什么事实?"

"旅行包上写有你的名字。"

感悟
ganwu

观察时细心推理固不可少，可最表面的东西往往给我们提供最直接的信息，而它往往也是极易被我们忽略掉的，由表及里的观察顺序一般最实用。

聪明人的眼光

美国第16任总统林肯，是一位眼光敏锐、接受新事物能力很强的智者。

有一天，林肯独自一人来到华盛顿的大街上，那时还没有电视等先进媒体的传播，他只要稍加改装，就不会被人认出来。忽然，他发现在一家名为《智慧》的杂志社门前围了一大群人，于是他也好奇地凑了上去。结果发现，华丽的墙壁上竟被钻了一个小洞，洞旁写着几个醒目的大字："不许向里看!"然而好奇心还是驱使人们争先恐后地向里观望，林肯也顺着小洞向里看，原来里面是用五彩缤纷的霓虹灯组成的一本《智慧》杂志的广告画面。

感悟
ganwu

对于观察，我们要有主观能动性，要积极主动地去寻找，去发现，去捕捉，那样才不会放走身边的每一个机遇。

林肯总统觉得这家杂志社很有创意，回来就吩咐秘书为自己订了一份。果然，《智慧》杂志不论内容编排、版式装帧、封面设计，还是印刷质量，都堪称一流，颇受林肯的喜爱和青睐……这天，林肯处理完一天的公务，顺手拿起一本新到的《智慧》杂志翻阅起来，翻着翻着突然发现这本杂志的中间几页没有裁开。林肯很是扫兴，顺手将杂志放到一边。晚上，林肯躺在床上突然想起了这本杂志：这既然是一份大家喜爱、风行全国的杂志，在管理方面应该是十分严格的，按常理绝不会出现这种连页的现象。他由此联想到杂志社在墙壁小洞上做广告的事，难道这里面又有什么新花样？他翻身下床，找到这本杂志，小心翼翼地用小刀裁开了它的连页，发现连页中的一节内容竟被纸糊住了。林肯想，被糊住的地方大概是印错了，但印错的内容又是什么呢？好奇心驱使林肯又用小刀一点点地撬起了糊纸，下面竟写着这样几行字："恭贺您，您用您的好奇心和接受新事物的能力获得了本刊1万美元的奖金，请将杂志退还本刊，我们负责调换并给您寄去奖金。——《智慧》杂志编辑部。"

林肯对编辑部这种启发读者智慧和好奇心的做法极其欣赏，便提笔写了一封信。不久，林肯总统便接到新调换的杂志和编辑部的一封回信："总统先生，在我们这次故意印错的300本杂志中，只有8个人从中获得了奖金，绝大多数人都采取了将杂志寄回杂志社调换的做法，看来您的确是位真正的智者。根据您来信的建议，我们决定将杂志改名。"这本杂志，就是至今仍风靡世界的《读者文摘》。

强调观察力的柏济利阿斯

现代化学方程式的创始人，铈、钍、硒三种元素的发现者柏济利阿斯曾在一次化学课上责备他的学生，说他们都是些庸才，不可能成为化学家，因为他们全都缺乏化学家的卓越观察力。学生们当然不服气，反问老师为什么如此信口开河不负责任地乱下定论。

柏济利阿斯听完学生的反驳后，心平气和地说："我们还是先做实验吧！至于我责备你们的根据，要等实验完毕才告诉你们。"

他从实验台上拿了一个装有液体的玻璃瓶，伸进一个手指，然后把手指伸进口里，用舌头品尝液体的味道。然后他把瓶子递给学生，要求他们每个人都来鉴别一下这是什么溶液。柏济利阿斯强调指出，这种液体无毒，它的外表和臭气都不足为据，必须亲口尝一尝才能鉴别。每个学生都老老实实地按照老师的指点去做了，从他们尴尬的表情上可以看出老师给他们尝的绝不是什么美味。

半个小时过去了，没有一个学生能回答老师提出的问题。柏济利阿斯不禁哈哈大笑起来："亲爱的同学们，你们上当了！我的责备是有根有据的。你们中间没有一个人善于观察，我伸进瓶子去的是中指，而伸进口里的却是食指，可是你们都当真去尝了。"

妄下结论

从前，西伯利亚的一个地方，有一对年轻人结婚了，他们过着幸福的生活。婚后不久，年轻人的妻子生育了一个可爱的孩子，然而不幸的是，她因难产而死，从此只留下他和孩子两

感 悟
gǎnwù

观察是细微之处见功夫，善于观察的人常常能发现别人看不到的东西，而这恰恰也是"卓越"与"平庸"之间的差别所在。专注、细心，你将会有意想不到的收获。

个人。年轻人忙于生活，又忙于家务，没有人帮忙看孩子。因而他训练了一只狗，那狗聪明听话，能照顾孩子，咬着奶瓶喂奶给孩子喝。这为他省了不少事，所以他可以放心大胆地出外谋生。

有一天，主人出门去了，叫狗照顾孩子。他到了别的乡村，因遇大雪，当日不能回来。第二天他浑身是雪，匆匆忙忙才赶回家，一开门，狗立刻叫着出来迎接主人。他把房门打开一看，发现地上到处是血，抬头一望，床上也是血，孩子不见了，狗也浑身是血，嘴巴还往下淌血呢！主人发现这种情形，大吃一惊，又悲又愤，眼泪刷刷地流了下来，他以为狗兽性发作，把孩子吃掉了，狂怒之下，拿起刀来向着狗头一劈，狗呻吟了一下，眼里流露着不解的神情，头一歪，咽下了最后一口气。

之后，他突然听到孩子微弱的声音，只见孩子从床下爬了出来，于是他急忙抱起孩子看，孩子身上有血，但并未受伤。他很奇怪，不知究竟是怎么一回事，再看看狗身，腿上的肉没有了，再往床底看，下面有一只死狼，口里还咬着狗腿上的肉。原来，狗救了小主人，却被主人误杀。这真是可悲的误会。主人抚摸着狗尚有余温的身体，失声痛哭。而在狗的眼睛里，缓缓流下一滴泪。

蚂蚁的智慧

一次，美国西南航空公司的货运业务遇到了麻烦，尽管飞机平均只用了7%的货舱空间，但有些机场却没有足够的空间来容纳计划装载的货物，这成了西南航空公司货运航线和搬运系统的瓶颈。当时，员工们尽力把货物装到开往目标方向的第一架飞机上，表面看来这是种合理的策略。不过，正是由于这种策略，工人们白白浪费了大量时间把货物搬来搬去，有时候

还在目的地机场已不能容纳更多货物的情况下，不必要地把货物塞进飞机。

为了解决这个问题，西南航空公司拜蚂蚁为师。这听起来似乎不可思议。具体地说，研究人员观察了蚂蚁觅食的方法，发现蚂蚁凭借一些简单的规则，总能找到效率更高的食物搬运路线。研究人员把这一发现应用于西南航空公司，结果得出了令人惊讶的结论：把货物留在起初并非开往目标方向的飞机上效果可能更好。举个例子来说，如果要把一批货物从芝加哥运往波士顿，实际上可以把这批货物留在先开往亚特兰大然后飞往波士顿的飞机上，这要比把货物从飞机上卸下来再装到下一班飞往波士顿的飞机上效率更高。

采用这种思路之后，在最繁忙的货运站，货物转运率降低了80%之多，搬运工人的工作量减少了20%，并且连夜搬运的数量也大大减少。这样做使西南航空公司得以减少货物储存设施，降低工资开支。此外，满载飞行的飞机减少了，从而使公司有机会开展新的业务。由于这项改进，西南航空公司估计每年能从中获利一千多万美元。

对群居昆虫的行为进行的类似研究已经帮助包括联合利华消费品公司和第一资本金融公司在内的好几家公司开发出了更有效的方法，这些公司采用这些方法来合理调配工厂设备以及工人的工作任务，组织员工制订战略。

过去20年来，研究人员已经开发出严密的数学模型来描述群居昆虫的行为，现在他们又把这些技术运用于解决企业问题。正如西南航空公司和其他早期运用者所证明的那样，初步结果显示该领域大有发展前景。

感悟 ganwu

在奇妙的动物王国里，存在着许多能工巧匠，蚂蚁是精明灵巧的搬运工，蜜蜂是优秀的建筑师，自然界还存在着许多未解之谜，细心地去观察，去发现，我们人类将得到不少启迪和收获。

穿山甲怎样吃蚂蚁

明朝明世宗年间湖北省的某个乡村。村子里的一棵大树上多了个草棚。每天，总有一个书生模样的青年，躲在草棚里，凝神观察树下的动静。

这一天，青年又躲在树上的草棚里，聚精会神地往树下看。随着他的目光，我们看到，树下有一只穿山甲正用前爪抓着一个土堆。不一会儿，土堆被抓开了，成千上万只蚂蚁吓得四处乱窜。但见穿山甲伸出又细又长的舌头，轻轻一舔，舌头上便沾满了密密麻麻的蚂蚁。穿山甲舌头一缩，立刻将蚂蚁全吞进肚里。接着，它又一次伸出舌头。

"我知道了！我知道了！"青年兴奋地大声喊起来。

他"知道了"什么？他又是谁？为什么每天都爬到树上去？

原来这个青年就是李时珍，他读了南北朝的陶弘景所写的一篇关于穿山甲如何吃蚂蚁的文章。陶弘景说穿山甲能水陆两栖，白天爬上岩来，张开鳞甲，装出死了的样子，引诱蚂蚁进入甲内，再闭上鳞甲，潜入水中，然后开始让蚂蚁浮出，再吞食。

为了验证陶弘景的说法是否正确，李时珍亲自上山去观察。在樵夫、猎人的帮助下，李时珍捉到了一只穿山甲。从穿山甲的胃里剖出了一升左右的蚂蚁，证实了穿山甲吃蚂蚁这点，陶弘景是说对了。然后他又开始验证穿山甲装死引诱蚂蚁上钩这一说法。从观察中，他发现穿山甲吃蚂蚁的时候，是扒开蚂蚁的巢穴，进行舔食，而不是引诱蚂蚁入甲，下水吞食。李时珍用自己的观察终于使穿山甲吃蚂蚁一事有了明确的答案。

李时珍肯定了陶弘景对的一面，纠正了其错误之处。李时珍的实事求是也让他在 35 岁时就完成了著名的《本草纲目》。

天才，和一只睡懒觉的猫

这一天，斐塞司博士悠闲地站在窗前。外面阳光晴好，正适合散步。然而博士并没有出去的意思。他似乎在凝望着什么，思考着什么。但是从神态上看，又好像什么也没有思考，就是工作之后漫无目的地遐想，即所谓神游。

四周静静的，阳光从天空直射下来，照射在窗前的空地上。

一只母猫躺在阳光下。它懒懒的，很舒适的样子。母猫安详地打着盹，那种舒展的姿态与四周的宁静是那样吻合。

树影开始移动，猫身上的阳光失去了。这只猫站起来，重新走到阳光下。这一切，是那么自然而然，仿佛一切都事先安排好了，又好像母猫接到阳光的通知似的。

这一景象唤起了斐塞司博士的好奇。

究竟是什么引得这只猫待在阳光下？

是光与热？

对，是光与热。经过思考，博士证实了这个想法。

那么，如果光与热对猫有益，那对人呢？为什么不会对人有益？

这个思想在脑子里一闪。

这个无意的观察和这个一闪的思想，成为闻名世界的日光治疗法的引发点。

之后不久，日光治疗法在世界上诞生了。

斐塞司，医学博士，诺贝尔奖获得者，由看到猫对光和热的追寻，进而想到了光与热对人的益处，再与人类的健康事业联系在一起，我们呢？

猫在阳光下睡觉，千百年来都是如此，这本是一件极其普通的事，而斐塞司博士却从中发明了日光治疗法。做个生活和学习中的有心人，不要忽略那些司空见惯的事物，善于从平凡中发现不平凡。

寻找丢失的骆驼

一个阿拉伯人在沙漠里与骑骆驼的同伴失散了，他找了整整一天也没有找到。筋疲力尽的他只好坐在原地休息。傍晚，他遇到了一个贝都印人。

阿拉伯人礼貌地询问贝都印人："请问，您见到过我的同伴和他的骆驼吗？"

"你的同伴是不是比较胖，而且是跛子？"贝都印人问，"他手里是不是拿着一根棍子？他的骆驼只有一只眼，驮着枣子，是吗？"

"是啊，是啊，那就是我的同伴和他的骆驼。你是什么时候看见的？他往哪个方向走了？"阿拉伯人兴奋地说道。

贝都印人回答说："我没看见他。"

阿拉伯人生气地说："你刚才明明详细地说出我的同伴和骆驼的样子，现在怎么又说没有见到过呢？"

"我确实没有看见过他。"贝都印人平静地说，"不过，我还知道，他在这棵棕榈树下休息了很长时间，三个小时前向叙利亚方向走去了。"

阿拉伯人奇怪地问："你既然没有看见过他，你又怎么知道这些情况的呢？"

"我是从他的脚印里看出来的。你看这个人的脚印：左脚印要比右脚印大且深，这不是说明，走过这里的人是个跛子吗？现在再比一比他和我的脚印，你会发现，他的脚印比我的深，这不是表明他比我胖？你看，骆驼只吃它身体右边的草，这就说明，骆驼只有一只眼，它只看到路的一边。你看地上，这些蚂蚁都聚在一起，难道你没有看清它们都在吸吮枣汁吗？"

"那你是怎么确定他在三个小时前离开这里的呢？"

贝都印人解释说："你看棕榈树的影子。在这样的大热天，你总不会认为一个人不要凉快而要坐在太阳光下吧！所以，可

感悟
ganwu

对骆驼留下的足迹进行细致的观察，分析推断出它以及其主人的去向，是贝都印人的聪明之处。观察如果离开了缜密的分析和推理，得到的也只是一堆无用的信息。在做实验时，不仅要观察实验的过程，还应分析实验过程中每个环节的依据和目的，这样知识才能牢固扎实。

以肯定，你的同伴曾经是在树荫下休息过。可以推算出，阴影从他躺下的地方移到现在我们站的地方，需要三个小时左右。"

听完贝都印人的话，阿拉伯人急忙朝叙利亚方向去找，果然找到了他的同伴。事实证明，贝都印人说的一切都是正确的。

林肯的辩护

林肯是美国历史上颇有声誉的一位总统。他在担任总统之前，曾经当过一段时间的律师。在那段时间里，他凭着对工作高度负责的精神和博学的知识、广博的爱心，成了穷人的好朋友，赢得了良好的声誉。

一次，他得悉自己亡友的儿子小阿姆斯特朗被指控为谋财害命罪，已初步判定有罪，就以被告律师资格向法院查阅了全部案卷。阅后，他要求法庭复审。复审开始了，全案的关键在于原告方面的一位证人福尔逊，因为他发誓说在 10 月 18 日的月光下，清楚地目击小阿姆斯特朗用枪击毙了死者。按照惯例，林肯向福尔逊进行了一场面对面的质问，下面就是他们之间的谈话：

林肯："你发誓说认清了小阿姆斯特朗?"

福尔逊："是的。"

林肯："你在草堆后，小阿姆斯特朗在大树下，两处相距二三十公尺，能认清吗?"

福尔逊："看得很清楚，因为月光很亮。"

林肯："你肯定不是从衣着方面认清的吗?"

福尔逊："不是的，我肯定认清了他的脸蛋，因为月光正照在他脸上。"

林肯："你能肯定时间在 11 点吗?"

福尔逊："充分肯定，因为我回屋看了时钟，那时是 11 点一刻。"

林肯:"那一天确实是10月18号吗?"

福尔逊:"是的,因为那一天我儿子发烧了,所以我记得很清楚。"

林肯问到这里,就转过身,发表了一席惊人的谈话:"我不能不告诉大家,这个证人是一个彻头彻尾的骗子,他一口咬定10月18日晚上11点在月光下认清了被告的脸。请大家想想,10月18日那天是上弦月,11点时月亮已经下山,哪里还有月光? 退一步说,也许他时间记得不是十分准确,时间稍有提前,但那时的月光应是从西往东照,草堆在东,大树在西,如果被告的脸面对草堆,脸上是不可能有月光的。证人怎么可能从二三十公尺外的草堆看清被告的脸呢?"

大家先是一阵沉默,紧接着,明白了,掌声欢呼声一起进发出来。福尔逊傻了眼,小阿姆斯特朗被宣告无罪。林肯一举成了全国有名的人物。

发现财富的眼睛

菲律宾渔民从食用价值考虑,当然会认为连体虾毫无价值;而小岛从商业价值考虑,从观察雌雄连体的外观上,发现了这种虾蕴涵的无限商机。可见观察的角度不同,结果也相去甚远,学会多角度地观察事物,就会有不一样的发现。

小岛是日本的一名小商人,有一年夏天,他到菲律宾度假。傍晚,他和夫人一起沿着海滩散步,飒飒海风吹着他们的头发和衣襟,他们的心情好极了。这时只见一群小孩子正在海滩的石头缝中寻找着什么,夫妇两人就走近前去观看,只见他们从那些石头缝隙中挖出了一些小虾。这些小虾很奇特,它们都成双成对地紧紧抱在一起,即使把它们从石头缝中捉出来,也无法将它们分开。再一细看,原来它们的身体已经紧紧连在了一起。孩子们把小虾捉到了一个大玻璃瓶里,跑开了。小岛很奇怪,这些虾怎么会长成这样呢?

出于好奇,小岛便问旁边的一位渔民:"为什么这些小虾身体会连在一起呢?"渔民告诉他:"这些虾原本生活在热带海域,在它们还很小的时候就被海浪冲进了海滩上的石缝中,海

潮退去之后，这些小虾被留了下来。就这样，它们在石缝中渐渐长大，以至于雌雄连体，再也无法分开了。这种虾由于太小，食用价值低，我们一般都不捉它，只有小孩子才会把它们捉来扔进堆满石头的虾缸里，养着玩。也有外地来的游客会带走一些作为纪念。"

临走时，那些捉虾的孩子高兴地把自己捉到的小虾送了些给小岛。

小岛回到住处，晚上，他对着灯光细看那些神奇的小虾，这些通体透明、温柔可爱的小东西，成双成对地紧紧拥抱在一起，多像一对对坚贞不渝的情侣。这一闪而过的联想，使小岛的眼前为之一亮，他看到了其中蕴涵的巨大商机。

回到日本之后，小岛就筹办了一家结婚礼品店，专卖这种小虾。不过它们已经经过了巧妙的加工、精心的装饰和恰当的造型，并且有了一个美丽的名字叫"偕老同穴"。礼品盒上的说明是这种小虾从一而终、白头到老、至死不渝的经历。一时间，这种小对虾成为东京市场上最畅销的一种结婚礼品，小岛也因此而声名大振，成为人人仰慕的商业巨子。

狐狸的判断

森林里最近出了一件大事：狮子生病了，整天躲在洞中大声地呻吟。

附近的一些动物听到了狮子的呻吟，纷纷进洞去看望，希望他们的大王快点好起来。

狡猾的狐狸也想趁机显示一下自己的忠心，就带了一只鸡去探望狮子，正想进洞时，狐狸忽然竖起了耳朵，在洞边走来走去，问道："大王，你好点没有啊？"

狮子的呻吟声更大了一些，说："亲爱的狐狸，你终于来了，你是我最喜爱的臣民，在我临死之前，我想见你最后一面。"狐狸没有说话。洞里的狮子忍不住又问道："狐狸啊，你既然到了，为什么不进来呢？"

"我只看见一些走向洞里的动物脚印，却没有看到走出来的脚印，我怎么敢进去呢？"狐狸回答。

狐狸再向里一看，隐约有一些白森森的骨头，原来，狮子是假装生病，借动物们来看他的机会将他们全部吃掉了。

铁轨会说话

感悟
ganwu

在平时观察的时候要多分析，多问为什么，然后带着问题再观察，这样，我们就会得到想要得到的答案。

焦涤非在念小学三年级时，一次跟父亲来到铁路边。平时很爱观察的焦涤非发现铁轨是一节一节连接在一起的，而且两节铁轨连接之处都有缝。他想，为什么不用一根长长的铁轨却在连接处留下一道道缝隙呢？于是，他就问父亲，父亲答道："因为钢铁会热胀冷缩，如果用一根长长的铁轨或接头处不留缝隙，那么铁轨在炎热的夏天就会膨胀变形，七拱八弯的，火车就会出轨。"焦涤非听后，仍疑惑难解。于是父亲只好说："若不信，可以自己测量测量。让铁轨自己来说话告诉你是怎么回事吧！"在父母的支持和帮助下，他通过观察测量发现，温度的变化是有规律的，气温每下降11℃，间隙就增大一毫米。经过近一年的观察，他详细作了观察记录，同时还写出了铁轨热胀冷缩的观察报告，获得了全国征文比赛优秀奖。更重要的是，通过这一年的观测活动，他不仅掌握了中学阶段的物理知识，而且对自然科学实验的兴趣大大增强了。

摔出来的发现

别涅迪克博士是法国一家化学研究所的高级研究员，每天从太阳升起到夕阳西下，实验室里总少不了他忙碌的身影。

有一次，别涅迪克博士像往常一样在实验室里做实验。当他准备将一种溶液倒入烧瓶时，一不小心，烧瓶"哐当"一声落在了地上。别涅迪克博士意识到烧瓶可能摔破了，懊恼地迟疑了几秒钟。可是当他低下头，却发现烧瓶并没有摔碎。他惊奇地弯下腰捡起烧瓶仔细观察，只见瓶面上除了多了几道裂痕外，其他一切正常。可是他发现这只烧瓶和其他烧瓶一样普通，以前也有类似的事情发生过，可是掉在地上的烧瓶全都破成了碎片，无一例外，为什么这只烧瓶仅有几道裂痕而没有破碎呢？别涅迪克博士的心里充满了疑惑，可是一时又找不到答案。于是他就给这只烧瓶贴上标签，注明原由，保存起来，留待日后再做研究。

几天后的一天，别涅迪克博士一边吃早餐一边翻阅报纸，忽然看到一则关于车祸的报道：两辆客车相撞，车上的多数乘客被玻璃的碎片划伤，其中一块碎玻璃刺穿了一位司机的面部，并且进入了他的口腔……看了这则报道后，别涅迪克博士突然想到几天前那只掉到地上却未被摔破的烧瓶，那只一直让他充满疑惑的烧瓶。

于是，他急急忙忙地赶到实验室，再次拿起那只烧瓶仔细观察，结果，他发现那只烧瓶的瓶壁上有一层透明的薄膜。会不会就是因为这层薄膜，烧瓶才没被摔破呢？别涅迪克博士用刀片小心地刮下一点薄膜，进行化验，才知道这只烧瓶曾盛过一种叫硝酸纤维素的化学溶液，那层薄膜就是这种溶液蒸发后

残留下来、遇空气后产生反应，从而牢牢地贴在瓶壁上的，没想到竟起到了保护烧瓶的作用。因为这层薄膜无色透明，所以一点儿也不影响视觉效果。

由此，别涅迪克博士想到："如果把这种溶液，用于汽车玻璃的生产中，以后再发生类似的交通事故，乘客的生命安全系数不是更有保障吗？"于是，他开始潜心研究，最终，别涅迪克博士因为这个小小的发现而荣登了20世纪法国科学界突出贡献奖的榜首。

第3章
妙不可言的思维世界

思维是最敏感，也是最富有生命力的东西，改变思维的角度和方式，我们就会有新的感受和发现。拥有正确的思维我们能够升华生命的意义，收获理想的果实，享受快乐的智慧。我们成为地球的主宰，因为我们有思维；我们生活，因为我们有思维；我们快乐，更因为我们有思维。生活因我们的思维变换而多姿多彩。另辟蹊径是一种发现，逆向思考是一种提高，侧向思维是一种锻炼，超脱思维是一种境界……

"破烂王"的故事

　　沈阳市有个以拾破烂为生的人，名叫王洪怀，每天游走于大街小巷，与垃圾箱、废纸、易拉罐为伴。有一天，他悄然问自己："收一个易拉罐，才赚几分钱，如果将它熔化了，作为金属材料卖，是否可以多卖些钱？"在这样的思考中，他把一个空罐剪碎，装进自行车的铃盖里，熔化成一块指甲大小的银灰色金属，然后花了 600 元在市里有色金属研究所作了化验。人家告诉他，这是一种很贵重的铝镁合金。

　　他算了一笔账：当时市场上的铝锭价格，每吨在 14 000 元至 18 000 元之间，每个空易拉罐重 18.5 克，54 000 个就是 1 吨。卖材料比卖易拉罐要多赚六七倍钱。他决定回收易拉罐熔炼。为了吸引人们卖空罐，他把回收价格从每个几分钱提高到每个一角四分，又将回收价格以及指定收购地点印在卡车上，向所有收破烂的同行散发。

　　一次小小的换轨思维，财富滚滚而来。过了一周，王洪怀骑着自行车到指定地点一看，令他大吃一惊：只见很多辆货车在等待他，车里装的全是空易拉罐。这一天，他回收了 13 万多个，足足两吨半。王洪怀立即办了一个金属再生加工厂。就这样，他在一年之内，用空易拉罐炼出了 240 多吨铝锭，在 3 年内，赚了 270 万元。一次思维的变换，使他从一个"拾荒者"一跃而为百万富翁。

变废为宝

　　美国德州有座很大的女神像，因年久失修，当地州政府决定将她推倒，只保留其他建筑。这座女神像历史悠久，许多人都很喜欢，常来参观、照相。推倒后，广场上留下了几百吨的

废料：有碎渣、废钢筋、朽木块、烂水泥……既不能就地焚化，也不能挖坑深埋，只能装运到很远的垃圾场去。200多吨废料，如果每辆车装4吨，就需50辆次，还要请装运工、清理工……至少得花25 000美元。没有人为了25 000美元的劳务费而愿意揽这份苦差事。

斯塔克却独具慧眼，竟然在众人避之唯恐不及的情况下，大胆将差事揽在自己头上。因为在他看来，这些"废物"真正是无价之宝。他来到市政有关部门，说愿意承担这件苦差事。他说，政府不必费25 000美元，只需拿20 000美元给他就行了。他可以完全按要求处理好这批垃圾。

合同当时就定下。斯塔克还得到一个书面保证：不管他如何处理这批废物垃圾，政府都不干涉，不能因为看到有什么成果而来插手。

斯塔克请人将大块废料破成小块，进行分类：把废铜皮改铸成纪念币，把废铅废铝做成纪念尺；把水泥做成小石碑；把神像帽子弄成很好看的小块，标明这是神像的著名桂冠的某部分；把神像嘴唇的小块标明是她那可爱的嘴唇……装在一个个十分精美而又便宜的小盒子里。甚至朽木、泥土也用红绸垫上，装在玲珑透明的盒子里。

更为绝妙的是他雇了一批军人，将广场上这些废物围起来，引来了许多好奇的人围观。大家都盯着大木牌上写的字："过几天这里将有一件奇妙的事情发生。"

是什么奇妙事？谁也不知道。

有一天晚上，士兵松懈，有一个人悄悄溜进去偷制成的纪念品，被抓住了，这件事立即传开，于是报纸、电台、广播纷纷报道，大加渲染，立即就传遍了全美。斯塔克神秘的举动引起了人们极大的好奇心。

这时，斯塔克就开始推出他的计划。他在盒子上写了一句伤感的话："美丽的女神已经去了，我只留下她这一块纪念物。

感悟
ganwu

　　我们常常会听到有的同学抱怨：生活太平淡了，写出来的作文也难有新意。殊不知，再平凡的生活也有其亮点，也具备与众不同的特征，学会观察，学会发现，从不同的角度思考，就有可能在平凡的生活中提炼出好素材。

我永远爱她。"

斯塔克将这些纪念品出售，小的 1 美元一个，中等的 2.5 美元，大的 10 美元左右。卖得最贵的是女神的嘴唇、桂冠、眼睛、戒指等，150 美元一个，都很快被抢购一空。

斯塔克的做法在全美形成了一股极其伤感的"女神像风潮"，他从一堆废弃泥块中净赚了 12.5 万美元。

漂亮的五角星

感悟
ganwu

换一个角度去看待事物，我们就会看到不同的景象，从思维的框架中走出来，需要我们有不断发现的眼睛。

有一天，小汤姆从幼儿园回来，向父亲报告幼儿园中的新闻，并告诉父亲，他有一个重大发现。"什么发现?"父亲漫不经心地问。"苹果里藏着一颗小星星。"父亲瞪大了眼睛："怎么会呢?"

小汤姆拿出一个苹果，拿起小水果刀，郑重其事地向父亲展示他的发现。他费力地切开了苹果，但不是从茎部到底部这样竖着切下来，而是横向拦腰切了下去。

小汤姆把切开的苹果放在父亲面前："爸爸，看，多漂亮的星星。"

父亲惊呆了：果然有一颗漂亮的、规则的五角形呈现在了芬芳的苹果里。

我们吃过了多少个苹果，每一次都是"祖传"的规规矩矩的切法，从来也没有想到另一种切法，当然也从没有见到苹果中美丽的"星星"。

逆 向 制 胜

"德军将向顿河撤退，我们一定要夺取敌纵深卡拉奇附近顿河上剩下的唯一一座桥梁!"苏联红军第 26 坦克军军长罗金少将在作战会议上布置战斗任务。

这是苏联卫国战争中的 1942 年 11 月 21 日。两天前，苏联红军在斯大林格勒周围地域开始了全线反攻，现在将要全线追击德军。而且要超越敌人，切断 33 万逃敌的退路，这是一个多么艰巨的任务啊！

此刻罗金少将环视了一下参加会议的指挥官，侃侃而谈："这次行动，靠硬拼硬打，是无法抢占顿河桥的，我们应该用心理诈术来智取。两千多年前，中国的楚汉战争中，汉将张良曾用'四面楚歌'的攻心战，瓦解了楚军军心，这就是一反常规、巧用心理诈术的范例。今天我们也应该一反常规，逆向制胜，给敌人制造点错觉……"

22 日凌晨 3 时，星星还没有降落，曙光还没有升起，苏军第 26 坦克军先头部队的上百辆坦克全部开着明亮的车灯，成一路行军纵队，沿着奥斯特罗夫到卡拉奇的公路浩荡而行，穿过德军数十公里的防御阵地，向顿河桥开进。

以德军的眼光看，苏军坦克夜间进攻不可能开大灯，自己暴露自己；也不可能不讲战术，排成纵队开进；更不可能不开枪、不开炮，前来送死。因此，他们深信不疑地把这支部队当做自己人，一点儿也没去查问，就让这些坦克大摇大摆地开了过去。

后来，苏军没费一枪一弹就到达了预定位置，从而为战争的胜利奠定了坚实的基础。

· 不再下命令 ·

多年来，作为消遣，我常常在距家不远的公园散步、骑马。公园里生长着大量的橡树，因而也经常发生一些火灾。我很喜欢橡树，所以每当我看见小橡树和灌木被不小心引起的火烧死，就非常痛心，这些火不是由粗心的吸烟者引起的，它们大多是那些到公园里体验土著人生活的游人所引起的，他们在

感悟
gǎnwù

从小孩子的角度出发，从对方的立场看问题，将他的思路引到自己身上来，让他站到自己所搭建的舞台上，从而使问题圆满解决。平时我们和同学可能会发生意见不统一的情况，这时不必恼火，站在他的角度想想他的处境，也许就会心平气和。我们应该学会想他人之所想，切身地为他人考虑问题。

树下烹饪而烧着了树。火势有时候很猛，需要消防队才能扑灭。

在公园边上有一个布告牌警告说：凡引起火灾的人会受到罚款甚至拘禁。

但是这个布告竖在一个人们很难看到的地方，尤其儿童更是很难看到它。虽然有一位骑马的警察负责保护公园，但他很不尽职，火仍然常常蔓延。所以我在散步的时候就又多了一个职责，看护那些绿色植物。

有一次，我发现有一处冒起了火光，急忙跑到一个警察那里，告诉他有一处着火了，而且蔓延很快，我要求他通知消防队，他却冷淡地回答说："那不是我的事，因为不在我的管辖区域内。"我急了，只好找了几个热心的人救火。后来，我想还是在源头消灭最好，于是，我警告那些小孩子，引火可能被拘禁，我用权威的口气，命令他们把火扑灭。如果他们拒绝，我就恫吓他们，要将他们送到警察局——我在发泄我的反感。

结果呢？儿童们当面服从了，满怀反感地服从了。在我消失在山后边时，他们重新点火，让火烧得更旺——希望把全部树木烧光。

这样的事情发生多了，我慢慢教会自己多掌握一点人际关系的知识，用一点手段，一点从对方立场看事情的方法。

于是我不再下命令，再遇到这种情况时，我会这样对孩子们说：

"孩子们，很高兴吧？你们在做什么晚餐？……当我是一个小孩子时，我也喜欢生火玩，我现在也还喜欢。但你们知道在这个公园里，火是很危险的，我知道你们没有恶意，但别的孩子们就不同了，他们看见你们生火，他们也会生一大堆火，回家的时候也不扑灭，让火在干叶中蔓延，伤害了树木。如果我们再不小心，不仅这儿没有树了。而且，你们可能会被拘下狱，所以，希望你们懂得这个道理，今后注意点。其实我很喜欢看你们玩耍，但是那很危险……"

这一招果然很有效，孩子们在点完火后总是不忘扑灭，火灾也慢慢少了。

· 空城计 ·

三国时期，诸葛亮因错用马谡而失掉战略要地——街亭，魏将司马懿乘势引大军15万向诸葛亮所在的西城蜂拥而来。

当时，诸葛亮身边没有大将，只有一些文官，而且他所带领的军队，也有一半去押运粮草了，城内只剩下两千多名士兵。众人听到司马懿带兵前来的消息后，都大惊失色。诸葛亮登城楼观望后，对身边侍卫说道："把所有的旌旗都藏起来，让士兵原地不动，如果有私自外出及大声喧哗的，立即斩首！把四个城门都打开，每个城门派20名士兵扮成百姓，洒水扫街。魏兵到了之后，所有人都不许轻举妄动，我自有办法让司马懿退兵！"

于是，诸葛亮披上鹤氅，戴上高高的纶巾，领着两个小书童，带着一张古琴，到城上望敌楼前凭栏坐下，燃起香，然后慢慢弹起琴来。

司马懿的先头部队到达城下后，见到这种情形，都不敢轻易入城，便急忙回去报告司马懿。司马懿听后，笑着说："这怎么可能呢？"于是令三军停下，自己飞马前去观看。

在离城门不远处，司马懿果然看见诸葛亮端坐在城楼上，笑容可掬，正在焚香弹琴，他的左面有一个书童，手捧宝剑；右面也有一个书童，手持拂尘，而城门内外，有20几个百姓模样的人在低头洒扫，旁若无人。司马懿看后，疑惑不已，担心有诈，便来到中军，令后军充作前军，前军充作后军，准备撤退。可是他的二儿子司马昭说："莫不是诸葛亮家中无兵，所以故弄玄虚，父亲您为什么要退兵呢？"司马懿说："诸葛亮一生谨慎，不曾冒险，现在城门大开，里面必有埋伏，我军如

果冒然进去，正好中了他的计，还是快快撤退吧！"于是，司马懿率各路兵马都退了回去。

结果，诸葛亮不但没有损失一兵一卒，而且还暂时避免了西城的失守。

老妇人的烦恼

有一个老妇人，她生有两个女儿。大女儿嫁给一个浆布的做妻子，小女儿则嫁给了一个修伞的人，两家过得都不错。两个女儿对老妇人很孝顺，经常换着口味做给她吃。看着两个女儿丰衣足食，老妇人原本应该高兴才对，可她却每日愁苦。因为，每当天气晴好的时候，老妇人就为小女儿家里的生意困扰，晴天有谁会去她那里修伞呢？而到了阴天的时候，她又开始为大女儿担心了，天气阴或者下雨，就不会有人去她那里浆布啊！

就这样，无论是刮风下雨天，还是晴好的天气，她都在发愁，身体也因为情绪不好，眼见消瘦如柴了。

这一天，村里来了一位智者，孝顺的女儿把智者领到家中，解决母亲的烦恼。当他听老妇人讲完自己的境遇后，微笑着对老妇人说："你为什么不倒过来看？晴天时，你的大女儿家浆布生意一定好，而下雨时，小女儿家修伞的生意就好。这样，无论是什么样的天气，你都有一个女儿在赚钱哪！"

老妇人听完后，心中豁然开朗。以后的每一天，她都过得非常开心。

小　虎　鲨

一只小虎鲨在一次追逐猎物时，被人类捕捉到。

一个研究机构把它买了去，放养在人工鱼池中的小虎鲨，

虽然不自由，却不愁猎物。研究人员会定时把食物送到池中，都是些大大小小的鱼食。

有一天，研究人员将一片又大又厚的玻璃放入池中，把水池分隔成两半，小虎鲨却看不出来。研究人员又把活鱼放到玻璃的另一边，小虎鲨等研究人员放下鱼之后，就冲了过去，结果一头撞到玻璃上，疼得眼冒金花，什么也没吃到。

小虎鲨不气馁，过了一会儿，它看准了一条鱼，又冲过去，这一次撞得更痛，差点没昏过去，当然也没吃到。休息十分钟之后，小虎鲨饿坏了，这次看得更准，盯住一条更大的鱼，又冲去。这次情况仍未改变，小虎鲨撞得嘴角流血，它想不通这到底是怎么回事。

最后，小虎鲨拼着最后一口气，再次冲了过去！但是仍然被玻璃挡住，这回撞了个全身转，鱼还是吃不到。

小虎鲨终于放弃了。

研究人员又来了，把玻璃拿走。然后，又放进小鱼，让它们在池子里游来游去。小虎鲨看着到口的鱼食，却再也不敢去吃了。

感悟 ganwu

限制性观念、限制性指令、生活中的常规、过去的负面经验总结、习惯的思维定式限制了小白鲨，让它畏缩不前。学习和生存一样，要突破前人的经验，得出自己的学习之道。

把木梳卖给和尚

有一家效益相当好的大公司，决定进一步扩大经营规模，高薪招聘营销主管。广告一打出来，报名者云集。面对众多应聘者，招聘工作的负责人说："相马不如赛马。为了能选拔出高素质的营销人员，我们出一道实践性的试题，就是想办法把木梳尽量多地卖给和尚。"

绝大多数应聘者感到困惑不解，甚至愤怒：出家人剃度为僧，要木梳有何用？岂不是神经错乱，拿人开涮？过了一会儿只见应聘者接连拂袖而去，几乎散尽。最后只剩下三个应聘者：小王、小李和小张。他们三位均认为这虽然是道难题，但

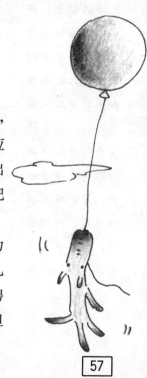

是只有难题才能显出他们非凡的智慧。他们愿意挑战自己。

负责人对剩下的这三个应聘者交代："以 10 日为限，届时请各位将销售成果向我汇报。"三个应聘者信心百倍地出发了。

10 日的期限到了。负责人问小王："卖出多少?"答："1把。""怎么卖的?"小王讲述了历尽的辛苦，以及受到众和尚的责骂和追打的委屈。好在下山途中遇到一个小和尚一边晒着太阳，一边使劲挠着又脏又厚的头皮，小王灵机一动，赶忙递上了木梳，小和尚用后满心欢喜，于是买下一把。剩下的就再也推销不出去了。

负责人又问小李："卖出多少?"答："10 把。""怎么卖的?"小李说他去了一座名山古寺。由于山高风大，进香者的头发都被吹乱了。小李找到了寺院的住持说："蓬头垢面是对佛的不敬。应在每座庙的香案前放把木梳，供善男信女梳理鬓发。"住持采纳了小李的建议。那山共有 10 座庙，于是买下 10把木梳。

负责人又问小张："卖出多少?"答："1 000 把。"负责人惊问："怎么卖的?"王、李两人也颇感惊讶。小张说他到一个颇具盛名、香火极旺的深山宝刹，朝圣者如云，施主络绎不绝。小张对住持说："凡来进香朝拜者，多有一颗虔诚之心，宝刹应有所回赠，以作纪念，保佑其平安吉祥，鼓励其多做善事。我有一批木梳，您的书法超群，可先刻上'积善梳'三个字，然后便可做赠品。"住持大喜，立即买下 1 000 把木梳，并请小张小住几天，共同出席了首次赠送"积善梳"的仪式。得到"积善梳"的施主与香客，很是高兴，一传十、十传百，朝圣者更多，香火也更旺。这还不算完，好戏还在后头。住持希望小张再多卖一些不同档次的木梳，以便分层次地赠给各种类型的施主与香客。也就是说，木梳在庙里也很受欢迎。

感悟
ganwu

创意是创新的开始，创新是思维的动力。将木梳卖给和尚确实需要一个全新的创意，要找到和尚接受木梳的突破口。其实许多看似坚不可破的难题也并非如此，肯定有其出口所在，找到出口，攻坚便不再困难。

·妙用香烟·

建国初期，某大学一个研究室需要弄清一台进口机器的内部结构，可是却没有任何图纸资料可以查阅。这台机器里有一个由 100 根弯管组成的固定结构。要弄清其中每一根弯管各自的入口与出口，是一件相当麻烦和困难的事。研究室负责人召集有关人员攻关，他提出，完成这一重要任务，时间既不能拖得很久，花钱又不能太多。他希望大家广开思路，不管是洋措施还是土法子，一定要想出一个简便易行的办法来。

参与此事的人纷纷开动脑筋，先后提出了分别往每一根弯管内灌水，以及用光照射等许多办法。有的人还提出让蚂蚁之类的小昆虫去钻一根一根的弯管。大家提出的办法虽然都是可行的，但都很麻烦费事，要花的时间和付出的代价不少。后来这所学校的一个老花工提出，只需要两支粉笔和几支香烟就行了。他提出的做法是：点燃香烟，大大吸上一口，然后对着管子往里喷。喷的时候在管子的入口处写上"1"。这时让另一个人站在管子的另一头，见烟从哪一根管子冒出来，便立刻也写上"1"。其他管子也都照此办理。不到两小时，100 根弯管的出入口都弄清楚了。

·新"瓮中捉鳖"·

蔡廷锴是抗战时期著名的爱国将领，曾任国民党十九路军副总指挥。他不仅机智而且勇敢。

有一天，蔡廷锴向十九路军的官兵下达了一项奇怪的命

感悟 ganwu

有时，我们在面对复杂的问题时，常常会想到许多复杂的方法，却并不是很有效。如果我们整天和复杂的数学题打交道，回过头来再做那些简单的题目，会不自觉地用上那些复杂的方法。从复杂的思维中走出来，寻找一个最简单的方法，往往那会是最近的途径。

令，要求大家把单人掩体挖得很深，只有站在小凳子上才能向外射击。

对此，官兵们一时感到莫名其妙，站在凳子上射击，倘若站不稳不是很没有准度吗？但是，作为军人必须执行命令，人人都照办了。

战斗打响后，十九路军的官兵都躲在单人掩体内，站在凳子上，向敌人瞄准、射击。但是进攻不要特别猛烈，要让敌人慢慢"冲"过来。当敌人冲过来时，蔡廷锴命令所有官兵迅速带上小凳子，离开掩体后撤……

日军接近十九路军前沿阵地时，看到有现成的掩体可以利用，为防止十九路军反扑，纷纷跳入掩体，企图以此作为依托，巩固占领的阵地。心里还暗笑中国人真笨，给他们留下保障。

可是，日军做梦也未料到，跳入掩体，如同跳入深井，只见头顶蓝天，不见周围的一切情况。由于掩体既深且窄，人在里边无法举枪射击，一时又爬不上来。开始他们以为是因为自己矮，不适应中国人的掩体，后来发现这是中国军队有意设下的陷阱，连呼上当。正当他们想撤退时，蔡廷锴率领的十九路军见状大喜，迅速组织反击，杀了个回马枪，一个掩体扔一个炸药包，来了个瓮中捉鳖。

这一仗大获全胜。

战斗结束后，原来感到莫名其妙的官兵们这才恍然大悟：原来这是蔡将军精心安排的锦囊妙计。

感悟 *ganwu*

蔡廷锴深入思考，想别人想不到的，将敌人引入无法还击也无法自卫的掩体中，这方法真是出奇制胜。写作写别人想不到的，画画画别人想不到的，手工制作做别人想不到的，怎么能不吸引众人的目光呢？

·情义无价·

孟尝君是齐国的贵族，齐宣王时任相国，在齐国极有权势，是个双脚一跺，四方乱颤的大人物。他的门下光门客就有三千人之多，而且各行各业的人都有。

孟尝君养了这么多门客，光靠自己的俸禄是远远不够用的，他就在自己的封邑薛城向老百姓放债收利息，来维持家中巨大的开销。一天，孟尝君遍找门客，看有谁熟悉账务，能替他到薛城收债。这时候，有个叫冯谖的人自告奋勇愿去收征，孟尝君很诧异，问：“这是谁啊？”

左右的人说：“就是唱‘长剑啊，回去吧’要提高待遇的那一位啊。”

孟尝君笑着说：“这位客人果然还是有能耐的，真对不起了，我还没见过他呢。”

管事的忙把冯谖请来，孟尝君当面道歉说：“我这个人能力很差，每天被各种繁杂的国事缠得昏头昏脑，其他事就顾及不上了，怠慢了先生，可先生并不放在心上，还愿意到薛城去替我收债。是这样的吗？”

冯谖诚诚恳恳地回答：“我愿意去。”

冯谖临行前，去向孟尝君告辞，说：“债收齐了后，买些什么东西回来呢？”

孟尝君说：“你瞧着办吧，看我家缺什么就买些回来好了。”

薛城的老百姓见收债的冯谖来了，纷纷前来哀求说年成不好，望再宽限些时间。冯谖走家串户，察访了许多欠债的人家，明白再宽限几年他们也拿不出钱来还债。他十分同情这些贫苦的百姓，就通知大家到广场集合，把债券拿出来核对。核

感悟
ganwu

冯谖可以算做一个富有远见的人，事实证明，他火烧票据的决策是多么明智！站得高才能看得远，思维开阔的人会从大局考虑，不会受眼前利益羁绊，被眼前困难吓倒。就好像在考场上，一道小小的填空题拦住了去路，没关系，跳过去，先解决后面的问题，回过头再重点扫清那些"逃脱的士兵"，也许就有了好的思路！

对完，冯谖假借孟尝君的名义当众宣布说："还不出债的，一概免了。"

老百姓半信半疑，冯谖便将票据、债券归拢成小山样的一堆，一把火点着，烧了。老百姓看到孟尝君这样体恤他们的困难，感动地流着热泪，跪在地上磕头，连呼"万岁"。

事情一办完，冯谖立刻赶回来，第二天清早就去见孟尝君。

冯谖这么快就回来了，孟尝君感到很奇怪，问："债都收完了吗？怎么回来得这么快呀？"冯谖说："收完了。"

"你买些什么回来了？"孟尝君又问。

冯谖回答："您说过，'看我家里缺什么就买什么回来'，我想，您的宫中积满了奇珍异宝，畜栏里养满了猎狗骏马，内室中住满了美女佳人，您家中缺少的只是'义'，所以我替您买了'义'回来。"

孟尝君惊愕地问："买义？这是怎么回事呀？"

冯谖不慌不忙地说："您现在的封邑只有这么一个小小的薛城，您却不爱抚那里的百姓，把他们看成自己的子女，反以商人的手段在他们头上渔利，这怎么行呢？因此，我擅自假托您的命令，把债款统统赏给了百姓，随即烧掉了那些券契，老百姓激动地称呼您为救命恩人。这就是我替您买的'义'啊。"

事情办到这种程度上，按理说孟尝君应该让冯谖下岗了，最起码也得退居二线。可是孟尝君没有，不愧为宰相！尽管他满脸的不高兴，但是为了不得罪冯谖，他还是忍住了。

又过了一年，齐王听信了别人的谗言，认为孟尝君到处收买人心，扶植自己的势力，现在的名声太响，威胁到了自己的地位，就把孟尝君革了职。

孟尝君只好回到自己的封邑薛城去安家。这时，他的三千门客大都散了，只剩下冯谖等极少数门客跟随他去了薛城。当孟尝君的马车离薛城还有一百多里路的时候，就见老百姓扶老携幼，早早地等在路两旁迎接他。孟尝君见到这番情景，红着眼圈，哽咽着对冯谖说："先生替我买的'义'，今天我算见到了！"

篮球框的演变

篮球运动刚诞生的时候，篮板上钉的是真正的篮子。每次篮球被投进篮子后，都会有一个专门负责取球的人踩在梯子上把球拿出来。所以，篮球比赛不得不断断续续地进行，缺少激烈而紧张的气氛。

为了让比赛更加顺畅地进行，人们想了很多取球的方法，但是那些方法都不太理想。有位发明家甚至制造了一种机器：在下面一拉绳子，就能把球从篮子里弹出来。不过，这种方法仍然没能让篮球比赛产生紧张而激烈的气氛，而且每次取球都会分散球员们的注意力，很多球员都无法在取下篮球后马上进入比赛状态。因此，如何取球成了一直困扰球员们的难题

有一天，一位父亲带着他的儿子去看球赛。小男孩看到大人们一次次不辞劳苦地取球，大惑不解，他问父亲："为什么他们不把篮子的底儿去掉呢？"

据说，大人们听说小男孩提出的疑惑后，如梦初醒，去掉了篮子的底盖。后来，篮球框渐渐发展成了今天我们看到的篮网样式。

感悟 ganwu

我们在思考问题、解决问题的时候，一定要摆脱思维枷锁的禁锢，不要受制于惯性思维、思维定势。也许，换一个角度去思考问题，就能够收获"柳暗花明又一村"的喜悦。

反其道而行之

思维逆转本身就是一种灵感的源泉。遇到问题，我们不妨多想一下，能否朝反方向考虑一下解决的办法。解理科题可以从前往后依次推理，也可以从结论开始由后往前进行反推，而且有时反推可能更容易呢！

宋神宗熙宁年间，越州（今浙江绍兴）闹蝗灾。只见蝗虫乌云般飞来，遮天蔽日。所到之处，禾苗全无，树木无叶，一片肃杀景象。结果，这年的庄稼颗粒无收。

这时，素以多智、爱民著称的清官赵汴被任命为越州知州。赵汴一到任，首先面临的是救灾问题。越州不乏大户之家，他们有积年存粮。老百姓在青黄不接时，大都过着半饥半饱的日子，而一旦遭灾，便缺大半年的口粮。灾荒之年，粮食比金银还贵重，哪家不想存粮活命？一时间，米价如洪水般上涨。

面对此种情景，僚属们都沉不住气了，纷纷来找赵汴，求他拿出办法来。再这样下去，百姓都要饿死了。

大家议论纷纷，但有一条是肯定的，就是依照惯例，由官府出告示，压制米价，让百姓买得起米，这样才能救百姓之命。僚属们七言八语，说附近某州某县已经出告示压米价了，我们倘若还不行动，米价天天上涨，老百姓将不堪其苦，会起事造反的。

赵汴静听大家发言后，沉吟良久，才不紧不慢地说："此次救灾，我想反其道而行之，不出告示压米价，而出告示宣布米价可自由上涨。""啊！"众僚属一听，都目瞪口呆，先是怀疑知州大人在开玩笑，而后看知州大人蛮认真的样子，又怀疑这位大人是否吃错了药，在胡言乱语。赵汴见大家不理解，笑了笑，胸有成竹地说："就这么办。起草文告吧！"

官令如山，大人说怎么办就怎么办。不过，大家心里都直犯嘀咕："这次救灾肯定会失败，越州将饿殍遍野，越州百姓要遭殃了！"这时，附近州县都纷纷贴出告示，严禁私涨米价。若有违犯者，一经查出严惩不贷。揭发检举私涨米价者，官府予以奖励。而越州则贴出不限米价的告示，于是，四面八方的米商闻讯而至，越州城内的米开始多起来。开始几天，米价确实涨了不少，但买米者看到上市的米太多，都观望不买，想买个低价。过了几天，米越来越多，于是米价开始下跌，并且一天比一天跌得快。米商们想不卖再运回去，因为一则运费太贵，增加成本，二则别处又限米价，就算运出去也不见得能卖好价钱，于是只好忍痛降价出售。这样，越州的米价虽然比别的州县略高点，但百姓有钱可买到米。而别的州县米价虽然压下来了，但百姓排半天队，却很难买到米。所以，这次大灾，越州饿死的人最少，受到朝廷的嘉奖。

僚属们这才佩服了赵抃的计谋，纷纷来请教其中原因。赵抃说："市场的规律就是这样的，东西多的时候就便宜，少的时候就贵。我们这样一反常态，告知米商们可随意加价，米商们都蜂拥而来。米多了，但是吃米的还是那么多人，米价怎能涨上去呢？"这一下，大家都明白了。

·"邮寄"银行·

感悟
ganwu

很多问题，往往都有不止一种解决方法。有时候，看似愚蠢的做法却会产生让人意想不到的好效果。所以，当遇到难题的时候，我们最好能换个角度去思考，尝试通过不同的渠道选取最优的方案。如背诵英语课文或烦琐的古文，在理解的基础上背诵是最笨的方法，也是最有效的方法。

1916 年，美国犹他州小镇弗纳尔居民非常渴望修建一座砖砌的银行。如果能建成，这座银行将是小镇上的第一家银行。这给大家带来的方便是不言而喻的。

镇长买好了地，备好了建筑图纸，可是，就在一切仿佛都进展得很顺利的时候，障碍出现了。这是一个致命的障碍，由于它，整个工程计划险些化为泡影：从盐湖城用火车运砖，每磅要 2.5 美元。这个昂贵的价格将断送一切——没有足够的砖，就不会有银行。美好的愿望眼看就要化为泡影。

镇子里那些德高望重的老人和才华横溢的年轻人会聚一堂想办法，可那些办法又一一被否定了。

幸运的是，小镇里的一位商人开始以一个全新的角度来考虑这个问题。他想出了一个近乎愚蠢的主意——邮寄砖！开始大家不同意，但经过商人的分析，这个办法很快就被采纳了。

结果是：包裹每磅 1.05 美元，比用火车运送便宜了一半的价钱。事实上，不仅是价格便宜了一半，而且邮寄过来的砖和用火车货运过来的砖是由同一班列车运送的！丝毫没有耽误工程的进度。就是这么一个货运和邮递之间的价格差异使情况完全不同了。

几周之内，邮寄的包裹像洪水般涌入小镇。每个包裹 7 块砖，刚好可以不超重。这样，弗纳尔镇的居民很骄傲地拥有了他们的第一家银行。而且，这家银行全部是用邮寄过来的砖盖起来的。

巫师与阿凡提

一天，一个巫师见阿凡提走过来了，就叫他坐下，问道："我用手势向你问话，你能不能用手势回答我？""能呀。"阿凡提说。

于是，巫师伸出一个指头，阿凡提马上伸出两个手指头；巫师又伸出五个指头，阿凡提立刻伸出拳头。巫师感到很满意，称赞道："回答得妙！"观看的人傻了眼，问巫师："你们用手势一问一答，是什么意思呀？"

巫师说："我伸一个指头，是说胡大只有一个，对吗？阿凡提伸两个指头，回答说胡大不是一个，是两个——因为穆罕默德也代表胡大。我伸五个指头，是问他每天五次礼拜做不做？他伸出紧攥的拳头，表示他对做礼拜从不放松。"

"不，巫师，不对！"阿凡提说，"我想的和你想的完全是两码事。你伸一个指头，是说要剜我一只眼睛，我伸两个指头，表示要剜你两只眼睛；你伸五个指头，是说要扇我一巴掌，我伸出拳头，是说要砸烂你的脑袋。"围观的人听了以后都哈哈大笑。

四 种 方 法

有一天，一家公司的经理突然收到一封非常无礼的信，信是一位与公司交往很深的代理商写来的。信中毫不留情、直言不讳，甚至有些渲染地指出了经理的错误，态度傲慢，言辞尖刻无理。

经理怒气冲冲地把秘书叫到自己的办公室，向秘书口述了这样一封信："我没有想到你会这样给我写信，你的做法深深伤害了我的感情。尽管我们之间存在一些交易，但是按照惯

感 悟
gɑnwu

由于人们的思维方式不同，所以对待同一个事物，不同的人有不同的见解。在许多事情的处理上，只需要我们换一个角度，哪怕是很小的角度，就可能会得到截然不同的结果。就像有人所说，会思考的人思想急速转变，不会思考的人晕头转向。

67

感悟
ganwu

我想我们都会选择第四种"缓冲法"，因为这种办法既有利于经理又有利于秘书，这是灵活思维在工作中的体现。灵活变通有时还表现在细节工作上，懂得如何选择，统筹兼顾。如在给自己制订学习计划时，要做到分配得当，但执行时也并非照搬计划，可根据当天所学内容进行适当调整。

例，我还是要把这件事情公布出来。从此我不希望我们再有任何商业上的往来。"

经理叫秘书立即将信打印出来并马上寄出。

按照平时，秘书对于经理的吩咐是无条件服从的，但是现在经理正在气头上，万一一时冲动，以后再后悔可怎么办？那时，他肯定觉得秘书不会办事，只会服从，不会思考。所以，秘书分析了一下，觉得有四种方法可以选择。

第一种是"照办"。也就是秘书按照老板的指示，遵命执行，马上回到自己的办公室把信打印出来并寄出去。

第二种是"建议法"。如果秘书认为把信寄走对公司和经理本人都非常不利，那么秘书应该想到自己是经理的助手有责任提醒经理，为了公司的利益，哪怕是得罪了经理也值得。于是秘书可以这样对经理说："经理，这封信别理他，撕了算了。何必生这样的气呢？"

第三种是"批评法"。秘书不仅没有按照经理的意见办理，反而向经理提出批评说："经理，请您冷静一点，回一封这样的信，后果会怎样呢？在这件事情上，难道我们不应该反省反省？"

第四种是"缓冲法"。就在事情发生的当天下班时，秘书把打印出来的信递给已经心平气和的经理说："经理，您看是不是可以把信寄走了？"

现在，四种方法就摆在面前，大家应该都知道了哪种办法是最好的。

纪晓岚巧解对联

一次，乾隆皇帝在宁寿宫花园的萃赏楼设下御宴，和几个亲近的大臣饮酒赏月，同消暑热，在座的有董曲江、梁诗正、刘墉、纪晓岚等人。这场酒宴丰盛异常，山珍海味无奇不有，

大臣们一个个推杯换盏，边谈边饮，痛快淋漓。

正在欢乐之际，萃赏楼外忽然狂风大作，紧接着就是电闪雷鸣，一场暴雨顷刻间铺天盖地浇落下来。萃赏楼的门窗闭紧之后，闪电不时射入室内，雷鸣之声不绝于耳。君臣几人感到在风雨交加夜欢宴，却也别有一番情趣，更添了几分酒兴。乾隆皇帝目睹天工造化的万钧雷霆之势，不觉激发出人间帝王的豪气满怀，便向众臣说道："诸位爱卿，窗外的风雨，使朕十分动情，忽得一联，诸位爱卿对之如何？"

在座诸臣连忙说道："请万岁赐联！"

乾隆皇帝把头一扬，高声说道："朕的上联是：'玉帝行兵，风刀雨箭，云旗雷鼓天作阵。'"众人听罢，一齐叫好。这上联气势磅礴，形象生动，非比寻常，是难得的佳句，真不愧出自皇帝之口。然而，要对上适宜的下联，谈何容易！梁诗正、董曲江等人，久侍乾隆皇帝，颇有与圣上唱和的经历，知道乾隆皇帝好居人上，爱慕虚荣，不敢枉然出言，遂停下酒杯各自思考起来。

罗锅子刘墉虽只比纪晓岚大四岁，但经历丰富，阅历深广，比纪晓岚显得深沉很多。这时他想道：圣上此联，非同寻常，若在气势上压倒他，或者与他平行，就可能惹得皇上不高兴，一旦惹恼他，降下犯上之罪，那还吃得了？可如果以平常之句对之，就显得自己无能无才，落下个别人说笑的话柄岂不尴尬？不如藏拙为妙！

可这时乾隆皇帝正好把目光落在刘墉身上，刘墉感到无所适从，于是干脆跪倒在地说道："万岁御联，气象齐天，为臣才疏学浅，无词以对，自愿居下。"

乾隆皇帝听完哈哈大笑，正巧这时纪晓岚想出了对联。纪晓岚心想，我纪晓岚科举出身，未袭家族前德，全靠才气和机智立身于世，不像刘墉，出身豪门，显不显才气无所谓，既然皇帝出了对联，我就一定要对出来。于是，他在座中抬头看着

感 悟
ganwu

纪晓岚不仅学识渊博，而且反应灵敏。他将对联巧妙合理地解释出来，消除了乾隆的怒火，显示了自己超人的才华和运用文字的巧妙。倘若我们平时在阅读时对内容进行理解挖掘，做到心中有物，就不怕反应不灵敏了。

乾隆皇帝，等待机会说话。乾隆皇帝见他跃跃欲试的样子，便向他说道："看来纪爱卿已经想好对句，何不对来让朕听听？"

纪晓岚本没有刘墉几个人城府深，见皇上点到了自己头上，便顺口答道："万岁容禀，此联可对：龙王宴客，日灯月烛，山肴海酒地为盘。"

乾隆皇帝听了，脸色凝重，默然无语，然而，乾隆皇帝毕竟有很高的文化修养，十分明白要对此上联，非此下联莫属，不仅对仗严谨工整，而且气势相互呼应，实在是天衣无缝，绝妙好词。若因此而怪罪大臣，岂非有失君子风度！但是也不能让他太高兴了，所以他故意脸一沉，说道："纪爱卿，你好大的……"

乾隆皇帝想说"你好大的胆子"，"胆"字还没有出口，早被纪晓岚看出来了，他不由得心中一惊，赶忙把话抢了过来："臣好大的肚子，您看我能吃能喝，像个酒囊饭袋不是？"说着，纪晓岚挺起了他的大肚子，把嘴一撇，做出一副滑稽可笑的姿态，把乾隆皇帝注意力转移了，皇上和在座的大臣被逗得大笑起来。

纪晓岚见皇上已经转怒为喜，眉头一扬，连忙解释说："圣上为天子，风雨雷云，任从驱遣，威服天下；臣乃酒囊饭袋，故视日月山海在筵席之中。圣上神威齐天，为臣只不过是大腹便便罢了。"

经他这一番自我解嘲，乾隆又感到了几分得意，转而寻思，对此上联，还真是非此下联莫属。再说因对对而降罪，那显得自己太无大人之量呀！便笑着说道："纪爱卿，你好大的才啊！"纪晓岚又一次达到了自己显才的目的。众大臣也松了一口气，纷纷举杯，称颂皇帝英明天纵，功高盖世，祝愿君臣和衷共济，同享太平。

巧借"朋友"

三国赤壁大战之时，不习水战的曹操大军，由于重用了熟悉水战的荆州降将蔡瑁、张允，使曹军的水战能力有了很大提高。曹军的士气因此也高涨起来，每天操练演习，日有进步。当周瑜乘船察看时，发现曹军设置水寨，居然是非常专业而且精妙的，让周瑜大吃一惊。他深知，这全是蔡瑁、张允的功劳。于是，周瑜暗暗下决心："吾必计先除此二人，然后可以破曹。"

真是无巧不成书，正在周瑜绞尽脑汁谋定策略之时，曹操手下的谋士、周瑜的故友蒋干来访，周瑜一眼就看出蒋干的来意，一是说降，二是刺探军情。于是，他就想出了一条利用"朋友"的妙计。

周瑜当晚大摆筵席，盛情款待蒋干。席间，周瑜大笑畅饮。夜间，周瑜佯作大醉之状，挽住蒋干的手说："久不与子翼（蒋干的字）同榻，今宵抵足而眠。"意思是说要和蒋干一起睡。一进大帐，周瑜便鼾声大起，而蒋干却无法入睡。当军中打过二更，蒋干起身，见残灯尚明，周瑜仍鼻鼾如雷。在灯光的照耀下，只见桌上堆着的一叠来往书信的公文中，明显地露出"蔡瑁，张允谨封"等字样的信，蒋干大吃一惊，急忙取出偷看。其中写道："某等降曹，非图仁禄，迫于势耳。今已赚北军困于寨中，但得其便，即将操贼之首，献于麾下，早晚人到，便有关报。"蒋干寻思，原来蔡瑁、张允竟然暗结东吴，于是将书信藏在衣内，到床上假装睡觉。所幸的是，周瑜仍在睡梦中。

大约在四更时分，有人入帐低声呼唤周瑜，周瑜揉了揉眼睛，装作刚刚被唤醒的样子，坐了起来。那人说："江

感悟
gǎnwù

他山之石，可以攻玉，聪明人懂得"借"的奥妙，也是让自己多一个成功的机会。学习中，两个人一起攻克难题、集思广益是借；一道难题画几条辅助线得到解决也是借。

71

北有人到此。"周瑜喝道:"低声!"又转过头来冲着蒋干喊了两声,蒋干佯装熟睡没有做声。于是,周瑜偷偷地走出营帐,蒋干赶紧爬起来偷听,只听得外面有人说:"张、蔡二都督道,'急切间不得下手'……"后面的话声音更低,什么也听不清楚。不一会儿,周瑜回到帐内又睡了起来。

蒋干在五更时分,趁着周瑜熟睡未醒,悄悄离开,溜回江北,向曹操报告了所见,并交上那封伪造的书信。曹操勃然大怒,立即下令斩了蔡瑁和张允,当两颗血淋淋的人头献上之时,曹操方才恍然大悟说:"吾中计矣!"

周瑜利用了蒋干这个老朋友,巧妙地借曹操之手,一举除掉了两个最大的隐患。这样,才有了流传至今的赤壁之战火烧曹营的壮举。

· 给风险以机会 ·

美国金融大亨摩根是一个善于在风险中把握机遇的人。

摩根家族1600年前后从英格兰迁往美国。最初,摩根的祖父约瑟夫·摩根开了一家小小的咖啡馆,积累了一定资金后,又开了一家大旅馆,既做股票,又参与保险业。可以说,约瑟夫·摩根是靠胆识发家的。一次,纽约发生大火,损失惨重。保险投资者惊慌失措,纷纷要求放弃自己的股份以求不再负担火灾保险费。约瑟夫横下心买下了全部股份,然后,他把投保手续费大大提高。他还申请了纽约大火赔偿金,信誉倍增,尽管他增加了投保手续费,投保者还是纷至沓来。这次火灾,反使约瑟夫净赚15万美金。就是这些钱,奠定了摩根家族的基业。摩根的父亲吉诺斯·摩根则以开菜店起家,后来他与银行家皮鲍狄合伙,专门经营债券和股票生意。

生活在传统的商人家庭，经受着特殊的家庭氛围与商业熏陶，摩根年轻时便敢想敢做，颇富商业冒险和投机精神。1857年，摩根从德国哥廷根大学毕业，进入邓肯商行工作。一次，他去古巴哈瓦那为商行采购鱼虾等海鲜归来，途经新奥尔良码头时，他下船在码头一带兜风，突然有一位陌生白人从后面拍了拍他的肩膀："先生，想买咖啡吗？我可以出半价。"

"半价？什么咖啡？"摩根疑惑地盯着陌生人。

陌生人马上自我介绍说："我是一艘巴西货船船长，为一位美国商人运来一船咖啡，可是货到了，那位美国商人却已破产了。这船咖啡只好在此抛锚……先生！您如果买下，等于帮我一个大忙，我情愿半价出售。但有一条，必须现金交易。先生，我是看您像个生意人，才找您谈的。"

摩根跟着巴西船长一道看了看咖啡，成色还不错。一想到价钱如此便宜，摩根便毫不犹豫地决定以邓肯商行的名义买下了这船咖啡。然后，他兴致勃勃地给邓肯发出电报，可邓肯的回电是："不准擅用公司名义！立即撤销交易！"

摩根勃然大怒，不过他又觉得自己太冒险了，邓肯商行毕竟不是他摩根家的。自此摩根便产生了一种强烈的愿望，那就是开自己的公司，做自己想做的生意。

摩根无奈之下，只好求助于在伦敦的父亲。父亲回电同意他用自己伦敦公司的户头偿还挪用邓肯商行的欠款。摩根大为振奋，索性放手大干一番，在巴西船长的引荐之下，他又买下了其他船上的咖啡。

摩根初出茅庐，做下如此一桩大买卖，不能说不是冒险。但上帝偏偏对他情有独钟，就在他买下这批咖啡不久，巴西便出现了严寒天气，一下子使咖啡大为减产，这样，咖啡价格暴涨，摩根便顺风迎时地大赚了一笔。

感悟 ganwu

面对选择，我们有时难以作决定，其实任何机会都有其风险性，我们要敢于运用"冒险思维"，抓住机遇。只有在风险中善于把握机遇的人，才能谱写人生的壮丽，到达成功的彼岸。人生有许多关口，中考高考是其中的重要岔口，此时在不知道录取分数线的情况下，报考志愿的确是一件冒险的事，应把握机遇，大胆选择。

守卫"马铃薯"

马铃薯原产于美洲。它生长在地下的块根有很高的营养，产量相当高。它可以当粮食吃，也可以当蔬菜食用，还可以做造酒的原料。但是，由于习惯和偏见，在从美洲向法国引进马铃薯时，却遭到了人们的反对和抑制，人们不愿意种这种从来没有种过的作物。农民说，这是一种魔鬼的苹果；医生说，这种东西吃了会损害身体；土壤学家则说，种了这种奇怪的植物，土壤的肥力会枯竭。由于不了解它，人们产生一种习惯性的恐惧和担忧。

法国一个叫巴蒙蒂埃的学者知道这种作物的价值，认为在法国栽种这种植物将给农民带来良好的收益。如果法国农民栽种这种作物，粮食的产量就会提高，人们的餐桌上就又多了一种食物。由于它易种易收，对于一些贫困的人来说，它将是一种救命的作物，但是农民因为对马铃薯感到陌生，根本就不敢种，不想种。虽然他奔走宣传，但是应者寥寥，马铃薯在法国依然得不到推广。

宣传的道路走不通，巴蒙蒂埃想出了一个办法。他向国王作了宣传，国王也半信半疑。为了使国王相信马铃薯无毒有益，他在国王面前吃起了马铃薯，以此证明这是一种可以食用的食物。这样，国王对这种作物产生了兴趣。

他向国王说，这是一种十分珍贵的作物，为了防止人们偷窃这种果实，要求国王派出全副武装的士兵帮助他守卫自己的马铃薯园地，千万不能让人们获得这种珍贵的种子，任何人休想得到这种远渡重洋而来的美好的果实。

巴蒙蒂埃围了一块园地，在周围打上了篱笆。他在园地里精耕细作，种上了马铃薯。园子的大门口有全副武装的皇家士兵守卫着，防止人们摘取它的一枝一叶。

感悟 ganwu

巴蒙蒂埃故弄玄虚，引起农民的好奇心，他的这种逆向思维使马铃薯得以在世界上流传。这一点也同样适用于写作，用一个充满趣味感的悬念式开头引起读者好奇，这未尝不是一种好的写作技巧呢！

全副武装的士兵产生了广告效应，引起了农民们的好奇，他们都来偷偷地观看这种奇怪的作物，心想，这一定是一种很珍贵的东西，不珍贵为什么要派皇家的卫士来守卫呢？他们饶有兴趣地观看巴蒙蒂埃怎样耕种，怎样除草，怎样施肥，无形之中把耕种这种新作物的技术全部学会了，其实，巴蒙蒂埃是用一种特殊的方式在传授着马铃薯栽种的技术。

白天围观的农民趁晚上卫士们下岗之际，三五成群地前来偷偷地挖走块根，把马铃薯栽种到自己的田园里。一时，有的讨，有的偷，人们纷纷栽种这种作物。一传十，十传百，不上几年工夫，马铃薯传遍了整个法国。

·生命的灯·

一个漆黑的夜晚，一个远行寻佛的行僧走到了一个荒僻的村落中，漆黑的街道上，络绎的村民们在默默地你来我往。

苦行僧转过一条巷道，他看见有一团晕黄的灯光正从巷道的深处静静地亮过来。身旁的一位村民说："孙瞎子过来了。"

"瞎子？"苦行僧愣了，他问身旁的一位村民："那挑着灯笼的真是一位盲人吗？"

"是的，他从出生起就是瞎子。"那人肯定地告诉他。

苦行僧百思不得其解。一个双目失明的盲人，他没有白天和黑夜的一丝概念，他看不到花草树木，看不到高山流水，他看不到柳绿桃红的世界万物，他甚至不知道灯光是什么样子的，他挑一盏灯笼岂不令人感到迷惘和可笑？

那灯笼渐渐近了，晕黄的灯光渐渐从深巷移到了僧人的芒鞋上。百思不得其解的僧人问："敢问施主真是一位盲者吗？"那挑灯笼的盲人抬起头，神色坦然地告诉他："是的，从踏进

一盏黑暗中点燃的灯笼让盲人的路上充满了光明，同时也照亮了别人，让人与人之间充满温情。故事中的盲人具有超脱思维，体现了一种豁达、乐观的思想。盲人失明是一种苦难，偶然的考试失利根本算不上苦难，盲人尚且能够从苦难中超脱出来，我们怎么不能呢？看开一些，阳光总在风雨后。

这个世界，我就一直双眼混沌。"

僧人问："既然你什么也看不见，那你为何挑一盏灯笼呢？"盲者说："现在是黑夜吧？我听说在黑夜里没有灯光的映照，那么满世界的人都和我一样是盲人，眼前一片黑暗，所以我就点燃了一盏灯笼。"

僧人若有所悟地说："原来你是在为别人照明？"但那盲人却说："不，我是为自己！"

"为你自己？"僧人又愣了。

盲者缓缓问僧人说："你是否因为夜色漆黑而被其他行人碰撞过？"僧人说："是的，我在刚才，还被两个人不留心碰撞过。"盲人听了得意地说："但我就没有。虽说我是盲人，我什么也看不见，但我挑了这盏灯笼，既为别人照亮，也更让别人看到我自己，这样，他们就不会因为看不见而碰撞我了。"

苦行僧听了，顿有所悟。他仰天长叹说："我天涯海角奔波着找佛，没有想到佛就在我的身边。人的佛性就像一盏灯，只要我点燃了，即使我看不见佛，但佛也会看到我自己的。"

·"随坑逐流"的石头·

宋仁宗时，雷简夫被派去雅州（今四川雅安）平定异族叛乱。雷简夫很有谋略，很快智平叛乱，遂被任命为雅州太守。他指挥开发河道，发展生产，使偏僻的雅州渐渐富裕起来。

这一年夏天，天降大雨，山洪暴发，巨雷劈山，把无数块大石头冲进河道。霎时，河道堵塞，河水上涨，漫过堤坎，冲向岸边农田、村庄，形势十分危急，附近村民纷纷迁居。

雷简夫接到地方的报告，赶到现场时，人们已在那里清理河道中的落石。小石块好清理，手扒人传，送到岸上。

中等的石块就用大绳拴住，岸上的人用力拖拉，把它拉到岸边，再弄上岸去。最后，河道中只剩下数十块大石块了，小的有半间房大，大的有整间屋大，最大的有半个院子那么大。这些大石块，任凭人怎么推拉，就像生了根一样，在河道中一动不动。

它们立在河道中，把水流挤得左冲右突，有的石块直把水流逼得横冲向堤岸，不弄掉这些大石块，河道的险情就排除不了。怎么办呢？众人商议了半天，有说把它们凿小了搬上岸的，有说拴上大绳用几十头牛拉的，可这些又都被否定了。

这时，雷简夫沉思了半天，开口了，说："我们能不能换个角度想法子。在大石块下流处挖一大坑，坑大得足以容下石头，然后把大石块顺流推动，让它落在坑中，怎样？"

大家一听，不由得拍手叫好，纷纷称妙，当即组织人在大石块下流处挖坑。挖够一个坑，就拴上大绳，将大石顺水拖去，石块一动，正好跌进坑中。如法炮制，不消半天工夫，那些大石块都被推拉进坑中，疏通了河道，排除了险情。

·三位青年·

从前，有这么三位青年。

第一位青年对自己的贫困境况总是怨天尤人。一位老人对他说："你具有如此丰厚的财富，为什么还要怨天尤人呢？"青年急切地问："财富在哪呢？我怎么从来都不知道呢？"

"你的一双眼睛，只要你能给我一双眼睛，我就可以把你想得到的给你。"

"不，我不能失去我的眼睛。"

"好吧，那么把你的一双手给我吧。为此，我可用一整袋黄金作为交换。"

感悟
ganwu

毋庸置疑，环境对我们的成长有影响。但关键是我们自己要掌握自己的航向，保持正确的思维。如果学习时周围环境嘈杂纷乱，不必太在意，只要用心去排除那些不利的干扰就好了。

"不，我的双手也不能失去。"

老人最后说："有一双眼睛，你就可以学习；有一双手，你就可以劳动。现在，你自己看到了吧，你有如此丰厚的财富啊！"听了老人的话，青年人豁然开朗。

后来，这位青年白手起家，成为当地颇有名气的企业家。

第二位青年在一次意外事故中，失去了双手双脚，几乎痛不欲生。不过，在亲朋好友的鼓励下，他还是坚强活下来了。这位青年没有双手、双脚，不过，他学会了用嘴巴打开水龙头！渐渐地，嘴巴代替了手来帮助他做更多的事，例如写字。但是当他想看书时，没有手可以翻书页，他家人便帮他做一个头箍，戴在额头上，头箍上有一细长的铁条，当他轻轻转头时，细铁条就可以帮他"翻书"。

后来，这位年轻人觉得自己没有双手、双脚，一直待在家里很没有意义，于是他加入了一家福利医院义工行列。他被其他义工推着轮椅，送进每一个病房和身患重病的病人聊天、讲话。每个住院的病人，看到这位没有双手、双脚的年轻人，居然满心欢喜、脸带笑容地来探望他们，并鼓励他们要勇敢地活下去，都大感惊讶和感动，因为比起没有双手、双脚的人，他们自己已经幸福多了！

后来，这位青年成为一位著名的励志专家，挽救了许多失去自信的人。

第三位青年因作奸犯科，而被法官处了死刑。

罪犯听到判决后，大声喊冤，他气愤地怒吼："我不服气！这太不公平了！我从小是个被人遗弃的孤儿，在贫民窟里长大，老师、同学都瞧不起我，没有人愿意接纳我，才逼得我走上绝路！老天太不公平了，我不服气，我死不瞑目！"

法官听了，要罪犯冷静下来、抬起头来看着他。法官以平和的口吻说："我也是个孤儿，我小时候也是在贫民窟里长大的！"

硬币兑出来的大富翁

默巴克曾经是美国斯坦福大学里的一名家境贫寒但学习成绩很好的普通学生，为了减轻父母的工作压力，他一边读书一边"勤工俭学"，他靠帮助学校收发信件、报纸，修剪草坪，打扫学生公寓等简单的校内劳动，赚取一些微薄的经济收入。

打扫学生公寓时，默巴克在墙脚、沙发缝、学生床铺下扫到了许多沾满了灰尘的硬币，这些硬币有1美分的、2美分的、5美分的，而且几乎每间学生公寓里都有。当默巴克将这些硬币还给那些同学们时，他们谁也没有表现出丝毫的热情，个个不屑一顾地说："这些硬币没什么用了，有些1美分、2美分的，都是我们故意扔掉的。"

还有人故意把钱扔掉？默巴克惊呆了。这件事情后，默巴克分别给财政部和国家银行写信反映小额硬币被人白白扔掉的情况，财政部很快就给年轻的默巴克回信说："每年有310亿美元的硬币在全国市场上流通，但其中的105亿美元正如你所反映的那样，被人随手扔在墙脚和沙发缝中睡大觉。"

105亿美元？默巴克震惊了，他想如果能有效督促这些硬币不再躲在角落里睡大觉，让它们滚动起来，就既能解决人们为手中硬币的出路而发愁的烦恼，又能为自己带来可观的利润，这可是一举两得的好事啊！于是，默巴克开始着手准备起来。

1991年，刚从斯坦福大学毕业的默巴克成立了自己的"硬币之星"公司，订制了自动换币机，在超市试点经营。顾客只需将手中的硬币倒进机器，机器便会自动点数，最后打出一张收条，写出硬币的价值，顾客凭收条到超市服务台领取现金。自动换币机收取约9%的手续费，所得利润与超市按比例分成。

感悟 gǎnwù

默巴克之所以能成为令人瞩目的亿万富翁，是因为他具有灵活的思维方式，可以由毫不起眼并且让很多人不屑一顾的硬币，想到创建"硬币之星"公司。人的行为是受思维支配的，我们应该形成灵活而积极的思维方式，懂得转动自己的思维，开启智慧之门。

因为自动换币机每分钟可以数出 600 枚硬币，而且不需要顾客预先做任何准备工作，所以"硬币之星"公司一开业便大获成功。全国各地的超市纷纷同默巴克的"硬币之星"公司联系，要求同默巴克合作。仅仅 5 年，"硬币之星"公司便在全美 8900 家主要超市连锁店设立了 1 万多个自动换币机，并成为纳斯达克的上市公司。

后来，随着"硬币之星"的成功，穷小子默巴克成了令人瞩目的亿万富翁，人们都称他是"硬币兑出来的大富翁"。

租房子的"小大人"

有一家三口决定搬到城里生活，就坐车去城里找房子。可是，夫妻俩和他们五岁的儿子找了一天，直到傍晚，才好不容易看到一个非常吸引他们的招租广告。

他们赶紧跑去看房，房子竟然好得出乎他们的意料！于是，他们欣喜若狂地前去敲门询问。房东探出头来，对这三位客人从上到下地打量了一番，问："有什么事吗？"丈夫鼓起勇气问道："我们可以租这间房子吗？"房东遗憾地说："啊，实在对不起，我们公寓不租给有孩子的住户。"

丈夫和妻子听了，非常失望，一时不知如何是好，只好无奈地转身离开。可是，他们五岁的儿子把事情的经过都看在眼里。于是，他想了想，又去敲了敲房东的大门。门开了，房东走出来，好奇地看着这个小男孩，不明白他为什么来敲门。没想到，小男孩郑重其事地对房东说："老爷爷，这房子我租了。我没有孩子，只带来了两个大人。"

房东听了之后，哈哈大笑，最终把房子租给了他们。

感悟
ganwu

故事中的小男孩不但聪明可爱，而且善于从多个角度思考问题。这让他和父母最终如愿以偿地租到了心仪的房子。如果我们遇到问题时，也能像那个小男孩一样，转变一下思维方式，换一个角度思考问题，也许就能让问题迎刃而解。

裁衣店的广告牌

英国伦敦的一条街上有三家裁衣店，为了招徕更多的生意，三家裁衣店先后在自己的店铺前立起了一块广告牌。

第一家裁衣店的广告牌上面写着："本店有伦敦最好的裁缝"。

第二家裁衣店见了那个广告牌后，生怕落后，马上挂出一块同样大小的广告牌，上面写道："本店有英国最好的裁缝"。

人们看了前两家裁衣店挂出的广告牌，都以为第三家裁衣店一定会打出"本店有世界上最好的裁缝"之类的广告。然而，第三家裁衣店的老板不但没有顺着前两家裁衣店的思路再将广告牌往大里写，而是和前两家裁衣店进行了比较，挂出了一块极为普通却又非常绝妙的广告牌——"本店有这条街上最好的裁缝"。

第三家店的广告牌一经挂出，立即受到人们的交口称赞，而且生意无比兴隆，远远超过了前两家裁衣店。

感悟 ganwu

有时候，要想超越别人，不一定非要沿着"原路"狂奔，像第三家裁衣店一样，转变一下思路，寻找一条新的、更容易成功的道路，同样能达到目的。

三份不同的薪水

在东海岸的某一商业街，有一家著名的毛皮公司。这家公司的工作人员中有三兄弟。有一天，他们的父亲要求见总经理，原因是他不明白为何三兄弟的薪水不同。大儿子 A 的周薪是 350 美元，小儿子 B 的周薪是 250 美元，二儿子 C 的周薪是 200 美元。而他认为他这三个儿子都是很能干的，在家里表现也一样，看不出有什么差异。

总经理默默地听三兄弟的父亲说完，然后说："我现在叫他们三人做相同的事，你只要看他们的表现，就可以得到答案。"

感悟 ganwu

大儿子 A 显然是现在所有公司正在寻找的千里马，因为他的系统思考能力非常强，能够竭尽全力地为公司考虑。考试前尤需对各科知识的复习系统分配，合理优化，从而打一个漂亮的胜仗。

于是，总经理先把 C 叫来，吩咐说："现在请你去调查停泊在港边的 H 船。船上的毛皮数量、价格和品质，你都要详细地记录下来，并尽快给我答复。"

C 将工作内容抄下来后，就离开了。5 分钟后，他又出现在总经理办公室。

C 因为总经理命令他要尽快，所以他就利用电话询问：一通电话就完成了他的任务。

总经理再把 B 叫来，并吩咐他做同一件事情。

B 在一小时后，回到经理办公室，一边擦汗一边解释说："我是坐公车往返的，这是我的调查报告，有关 H 船上的货物数量、价格、品质的信息都很详细。"

总经理再把 A 叫来，先把 B 报告的内容告诉他，然后吩咐他再去详细调查。A 说可能要花点时间，然后走了。

3 小时后，A 回到公司。

A 首先重复报告了 B 的报告内容，然后说："我已将船上最有价值的货物信息详细记录下来，为了方便总经理和货主订契约，我已请货主明天上午 10 点到公司来一趟。回程中，我又到其他两三家毛皮商公司询问了货的品质、价格，并请可以做成买卖的公司负责人明天上午 11 点到公司。希望我们能做成这笔生意。"

在暗地里看了三兄弟的工作表现后，父亲很高兴地说："再没有什么比他们的行动更能给我满意的答案了。"

救命的枪声

"救命啊，救命啊!"

拿破仑正骑马和士兵穿过一片森林，远处突然传来一阵紧急呼救声。他策马扬鞭，向着发出呼救声的地方飞奔而去。穿出林子，不远处是一个湖泊。离岸 30 来米处，一个落水的士兵正在挣扎着向深水区漂移。岸上有几个士兵慌做一团，一面高声呼救，一面急得跺脚。他们全都不会游泳，眼看伙伴就要淹死，却束手无策。

这时，拿破仑奔到湖边，问了一声："他会游泳吗？"

一个士兵答道："他只能扑腾几下子，现在已经不行了，漂到了深水里，刚才还喊救命呢！"

"哦！"拿破仑哼了一声，脑子飞快地转动着，随即从紧跟而来的侍卫手中抓过一支枪，严厉地向落水士兵喊道："你干吗还往湖中爬，快给我回来。再往前我就枪毙你！"说完就朝落水者前面开了两枪。旁边的士兵都惊呼起来。

也许是听到了严厉的威胁，也许是因为子弹溅水的啸声，也许两者兼而有之，落水者猛然转过身来，拼命扑打着水，好不容易找到浅水处，在大家的帮助下爬上了岸。同伴们为他高兴，小伙子惊魂初定，这才发现面前站着的竟是拿破仑，心有余悸地说："陛下，我是不小心才落水的，快要淹死了，您干吗还要枪毙我？您的子弹差一点打中了我，真把我吓死啦！"

拿破仑笑道："这是一个荒野深湖，你再往前漂去，沉到湖底，就不用回来了。吓了你一大跳，不就回过头来，得救了吗？"士兵恍然大悟，赶忙向拿破仑皇帝感谢不迭。

· 奇怪的策略 ·

1974 年，世界经济整个处于迅速衰退的态势，无情的黑色旋风吹过全球。香港，这个世界贸易、金融中心之一自然不能幸免。股票行情剧跌，许多企业倒闭，无数工人失业，购买力下降而导致商品积压，许多商家打出"大拍卖""大削价""跳楼价"的招牌来吸引并不热心的顾客。幸存的企业都在苦海中拼命挣扎。

"金利来"自然也躲不过这场风暴。销售出现下降，产量

在经济衰退时期，降价无疑是最有效的应对措施，但曾宪梓却作了"提价"的决定，这无疑是一种逆向思维。"金利来"通过提价反而避免了自毁名牌，并且维护了自身形象，所以有时候如果我们能运用逆向思维，反其道而行之，也能转危为安，渡过难关。

农夫视新的观念为洪水猛兽，避之唯恐不及，最终禾苗都枯死了。社会的进步需要新事物，我们在学习中也需注入新鲜血液，思想僵化，故步自封，只会走下坡路。

84

也自然降了下来。如果这种情况持续发展下去，则后果不堪设想。因此，"金利来"领带的降价似乎已不可避免。

"金利来"的总裁曾宪梓在苦苦思索着。

在销售不畅的时候，降价是最常见也是最有效的应对措施，价格的降低能吸引更多的购买者。但是，要是"金利来"降价，那么它的负面影响是什么呢？这将使"金利来"领带以"削价品"的形象出现在市场上，"名牌"将会沦为处理品，多年来好不容易树立的华贵、高级、唯我独尊的形象就会毁于一旦。名牌就像一棵大树一样，毁坏容易，而再让它立起来就难上加难了。曾宪梓无论如何也不愿意自毁名牌，宁肯让销量减少也要保住名牌。可是，要是不降价，"金利来"也将会陷入极大的风险之中，如果出现滞销、停产，那可就完了。

曾宪梓在沉思着……

曾宪梓最后的决定出来了："提价！"

一言既出，众人大惊！如果说不降价大家还能理解的话，那么不但不降反而提价的做法可就是逆潮流而上，匪夷所思了。这无疑是一场赌注——拿"金利来"的性命作抵押的赌注，但后来的事实证明了曾宪梓的正确。

· 倔犟的农夫 ·

从前有一个农夫种了 5 亩地，这一年恰逢干旱，农夫只得一担一担地从很远的河里挑水来灌溉。

一个工匠看见农夫这样辛苦，便告诉他，自己愿意帮他做一个水车，比用桶挑要轻松多了，而且灌溉农田很有效。

农夫却说："谢谢你的好意了，等你做好水车，我的禾苗早就干死了。我还是用桶挑实在些，你走吧，我不需要水车。"

农夫挑的那点水怎么能满足地里禾苗的需要呢？很快，地里就光秃秃了。

盐和棉花

可怜的驴子背着几袋沉甸甸的盐，累得呼呼直喘气。突然，它的眼前出现了一条小河，驴子走到河边冲了冲脸，喝了两口水，这才觉得有了力气。它准备过河了，河水清澈见底，河床上形状各异的鹅卵石光光的，看得清清楚楚。驴子只顾欣赏美景，一不留神儿蹄子一滑，摔倒在小河里，好在河水不深，驴子赶紧站了起来。奇怪！它觉得背上的分量轻了不少，走起来再也不感到吃力了。

驴子很高兴："看来，我得记住，在河里摔一跤，背上的东西便会轻许多!"

不久，又运东西了，这次驴子驮的是棉花。前边又是那条小河了，驴子想起了上次那件开心的事，心里真是高兴："背上的几袋东西虽说不重，可再轻一些不是更好吗?"于是，它喝了几口水，向河里走去。

到了河心，它故意一滑，又摔倒在小河里。这次驴子可不着急，它故意慢腾腾地站起来。哎呀，太可怕了，背上的棉花变得好沉啊！比那可怕的盐袋还沉几倍。

禄东赞巧答题

公元 641 年，唐太宗派江夏王礼部尚书李道宗护送文成公主入藏。唐太宗对文成公主出嫁西藏之事十分重视，为她准备了很多妆奁，其中包括诗文、经史、农事、医药、天文、历法等书籍，还有谷物、蔬菜、果木种子以及各种精美的手工艺品。除此之外，还带去了各种技术工匠和一支宫廷乐队。从此中原和西藏的联系更加密切了。

据说在决定嫁出文成公主之前，曾有来自各地的 4 位少数

感悟 *ganwu*

没有一成不变的事物，也没有放之四海而皆准的真理，我们必须用变化的眼光去看事物。抱着旧的观念、旧框框去看待新情况，必然是行不通的。学习方法要随时变通，学习计划也要随实际情况而变。

民族使者，请求唐太宗将文成公主嫁给他们的国君，唐太宗十分为难。为求公平，他出了5道难题让各国使者来比赛，哪国使者赢了，公主就嫁给该国国君。吐蕃王松赞干布的使者禄东赞也是其中的一个使者。

有两道难题是这样的：

第一题，太监拿来一颗孔内有8道弯的"九曲明珠"，让大家分别用一根很细的丝线穿过去。各位使者不停地用手去穿线，丝线一直穿不过去。这时只见禄东赞找人捉了一只大蚂蚁，将丝线轻轻拴在蚂蚁身上放入孔内，而在另一个孔端抹上一些蜜糖。很快地，蚂蚁就由这一端爬到另一端，而将丝线也带了过去。

第二题，马厩的两边各关100匹母马和100匹小马。太监要使者们轮流辨认出每匹小马的妈妈。

使者们将栅栏打开，让小马到母马堆里，认为小马总是对母马会比较亲近。但是事实并不如此，因为母马看也不看小马一眼，小马也自顾自地玩耍。许多使者只好根据马身上的花纹随便乱猜乱配。

最后轮到禄东赞来辨马时，他要仆役将小马关上一天，并且不给水喝。第二天仆役打开了栅栏，渴极了的小马纷纷奔向自己的妈妈找奶吃，于是，禄东赞轻而易举地辨认出了小马的妈妈。

就这样，聪明的禄东赞为他年轻的吐蕃国君松赞干布娶回了文成公主。

卖给总统斧子

美国一位名叫乔治·赫伯特的推销员曾成功地把一把斧子推销给了小布什总统。布鲁金斯学会得知这一消息后，把刻有"最伟大推销员"的一只金靴子赠予了他。

布鲁金斯学会创建于 1927 年，以培养世界上最杰出的推销员著称于世。它有一个传统，在每期学员毕业时，设计一道最能体现推销员能力的实习题，让学生去完成。

克林顿当政期间，他们出了这么一个题目：请把一条三角裤推销给现任总统。结果，八年间，有无数个学员为此绞尽脑汁，最后都无功而返。

克林顿谢任后，布鲁金斯学会把题目换成：请把一把斧子推销给小布什总统。鉴于前八年的失败与教训，许多学员知难而退。个别学员甚至认为，这道毕业实习题肯定会和克林顿当政期间一样毫无结果，因为现在的总统什么都不缺少，再说即使缺少，也用不着他们亲自购买；再退一步说，即使他们亲自购买，也不一定正赶上你去推销的时候。

然而，乔治·赫伯特却做到了。一位记者在采访他的时候，他是这样说的："我认为，把一把斧子推销给小布什总统是完全可能的，因为布什总统在得克萨斯州有一个农场，里面长着许多树。于是我给他写了一封信，说：'有一次，我有幸参观您的农场，发现里面长着许多矢菊树，有些已经死掉，木质已变得松软。我想，您一定需要一把小斧头，但是从您现在的体质来看，这种小斧头显然太轻，因此您仍然需要一把不甚锋利的老斧头。现在我这儿正好有一把这样的斧头，它是我祖父留给我的，很适合砍伐枯树。假若您有兴趣的话，请按这封信所留的信箱给予回复。'最后他就给我汇来了 15 美元。"

两根绳子

山里住着一家猎户。

父亲是个老猎手，在山里闯荡了几十年，猎获野物无数，走山路如履平地，从未出过事。然而有一天，因下雨路滑，他不小心跌落山崖。

感悟
ganwu

同样的一件物品，它可以有多种用途。我们不应该因循守旧，只局限于其原有的功能。如果开拓思路，发挥物品其他方面的功用，就会凭借物品成就自己。解理科题时，有许多新方法可以让解题过程变得简单灵活。

两个儿子把父亲抬回了破旧的家，他已经快不行了。弥留之际，他指着墙上挂着的两根绳子，断断续续地对两个儿子说："给你们两个，一人一根。"还没说出用意就咽了气。掩埋了父亲，兄弟二人继续打猎生活。然而，猎物越来越少，有时出去一天连个野兔都打不回来，两人的日子艰难地维持着。

弟弟与哥哥商量："咱们干点别的吧！"

哥哥不同意："咱家祖祖辈辈都是打猎的，还是本本分分地干老本行吧。"

弟弟没听哥哥的话，拿上父亲给他的那根绳子走了。他先是砍柴，用绳子捆起来背到山外换几个钱。后来他发现，山里一种漫山遍野的野花很受山外人喜欢，且价钱很高。从此后，他不再砍柴，而是每天背一捆野花到山外卖。几年下来，他盖起了自己的新房子。

哥哥依旧住在那间破旧的老屋里，还是干着打猎的营生。由于常常打不到猎物，生活越来越拮据，他整天愁眉苦脸，唉声叹气。

弟弟来看哥哥，发现他已经用父亲留给他的那根绳子吊死在了房梁上。

张巡用草人

唐朝中叶，安禄山发动叛乱。叛军一路上势如破竹，这一天来到了雍丘。著名将领张巡率领雍丘军民进行了积极的抵抗。守卫战坚持了40多天，城中的箭都已用完。张巡想起了诸葛亮草船借箭的故事，就叫士兵们扎了1 000多个草人，给草人穿上黑衣，系上绳子。晚上，叫士兵提着绳子把草人从城墙上慢慢放下去。围城的叛军以为是唐军偷越出城，一阵乱箭射去。等草人身上扎满了箭，士兵们再把草人拉上城

来。这样反复好多次，得到了十几万支箭。秘密泄露出去，叛军才知道张巡用了草人借箭的计策。

又一天夜里，只见又有好多黑衣人从城上吊了下去，叛军将士都哈哈大笑，嘲笑张巡说："真是愚蠢，想让我们再上当啊，没门。"有个将领说："张巡还想用草人来赚我们的箭呀，弟兄们，咱们不理他们，让他们白等着吧!"

过了一阵子，有人报告城墙上的草人不见了。那个将领说："咱们不射箭，张巡准是等得不耐烦，把草人收回去了。没事啦，大家都睡觉去吧。"

夜深人静的时候，突然跑出一支唐军，直向叛军兵营杀来。城里唐军也擂鼓呐喊，就要杀出城来，叛军将士早已进入梦乡，遭到这突然袭击，立刻大乱，甚至连衣服都穿错了。叛军将领从睡梦中惊醒，以为是唐朝的增援大军杀来了，不敢抵抗，慌忙下令放火，把那些工事壁垒一齐烧毁，然后逃跑了。原来这又是张巡用的计，这次吊下城来的不是草人，是唐军的敢死队。敢死队下城以后就找地方埋伏起来，到深夜发动突然袭击，城里再呼应助威，好像增援大军从天而降。其实敢死队一共才 500 人。等叛军惊慌逃跑，敢死队和城里的唐军乘胜追杀 10 多里，取得大胜利，才收兵回城。

"飞蛾扑火"新解

叶圣陶是我国著名的教育家。一天，他在一堂作文课上问学生们："你们谁能说说'飞蛾扑火'这个成语的意思?"

学生们都觉得这个问题太小儿科了，争先恐后地发言：

"就是自取灭亡的意思。"

"是指自不量力。"

"不就是'明知山有虎，偏向虎山行'的意思吗?"

……

感悟
gǎnwu

故事中的叶圣陶，循循善诱，在给他的学生讲解写作方法的同时，也让我们明白了"逆向思维就是突破常规、常识"，能使我们立新创意；如果我们在写作文时，能够准确运用逆向思维，往往会使作文新意十足，脱颖而出。

一时间，教室里都是学生们的回答声。叶圣陶微微一笑，说："大家都说对了，但是，我们能不能从另外一个角度去解释这个成语呢？"

"另外一个角度？"

"那怎么解释啊？"

学生们十分疑惑，不知道从何入手。叶圣陶不慌不忙地说："我给大家一个提示：从相反的角度去考虑一下，或者说，换位思考，站在第三立场上思考这个成语的意思。"

学生们面面相觑，还是不知道该如何回答。叶圣陶耐心地说："我刚才听见有同学在解释'飞蛾扑火'时说'明知山有虎，偏向虎山行'，这个解释很好。你们再想想，这只飞蛾明知前方有危险，但还是勇敢地冲上去，这是一种什么精神？"

学生们恍然大悟，纷纷说道：

"啊！'飞蛾扑火'可以理解成'不怕牺牲、舍生取义'。"

"还可以理解成'追求光明'，是吗？"

……

叶圣陶十分高兴，说："对，你们都说对了，虽然'飞蛾扑火'本来是个贬义词，但我们也可以通过某种客观分析，把它变成褒义词，这就是我今天要讲的'在写作中如何应用逆向思维'的内容。逆向思维就是突破常规、常识。从一个相反的角度去写作文，往往会使作文内容更有新意……"

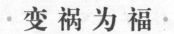

变祸为福

南宋绍兴十年七月的一天，杭州城最繁华的街市失火，火势迅猛蔓延，数以万计的房屋商铺置身汪洋火海之中，顷刻之间化为废墟。

有一位裴姓富商，苦心经营了大半生的几间当铺和珠宝店，也恰在那条闹市中。火势越来越猛，他大半辈子的心血眼

看将毁于一旦，但是他并没有让伙计和奴仆冲进火海，舍命抢救珠宝财物，而是不慌不忙地指挥他们迅速撤离，一副听天由命的神态，令众人大惑不解。

然后他不动声色地派人从长江沿岸平价购回大量木材、毛竹、砖瓦、石灰等建筑用材。当这些材料像小山一样堆起来的时候，他又归于沉寂，整天品茶饮酒，逍遥自在，好像失火压根儿与他毫无关系。

大火烧了数十日之后被扑灭了，但是曾经车水马龙的杭州，大半个城已是墙倒房塌，一片狼藉。

不几日朝廷颁旨：重建杭州城，凡经营销售建筑用材者一律免税。

于是杭州城内一时大兴土木，建筑用材供不应求，价格陡涨。

裴姓商人趁机抛售建材，获利巨大，其数额远远大于被火灾焚毁的财产。

为什么要申请这么小的一笔贷款

银行的门被打开了，进来了一位表情难以捉摸的人。他的身后带着一股迈阿密夏日特有的热浪。他走到银行的柜台边，开始和银行职员友好地交谈。他告诉银行职员他要与妻子去巴哈马群岛度假。

他碰到了一个问题。他们的假期要持续三个星期，而他又没有带足够的现金来满足妻子强烈的购物欲望。他想申请3000美元的贷款。银行职员觉得有些迷惑，他对来人说，他对他还不够了解，需要先去做一下背景调查。

利用来人提供的个人信息，职员很快地查到了这个人的背景。实际上此人是得克萨斯州的金融业巨子。职员一分钟也没有耽误就开始办理贷款业务，在完成了纸面工作之后，他出来

感悟
gǎnwu

祸有时也会是福，关键是我们怎样去理解它。换一种思维方式看，就会有意想不到的收获。比如一幅画不小心甩了一个墨点，我们可以把它画成一只苍蝇；衣服不小心破了个洞，可以在上面补一朵小花，反而会更好看！

见这个得克萨斯州人。

因为已经知道了来人的真实身份，年轻的职员觉得有些不好意思，但最后还是张了口："先生，感谢您照顾我们的生意，并且允许我调查您的背景。您的贷款申请已经准备好了，但是还有一件例行公务。我们要求您提供贷款抵押，虽然只是一笔很小的贷款，但还是要这样做……我希望您能够理解。"

得克萨斯州客人笑着说道："当然，我能够理解……你看，拿我的车做贷款抵押可以吗？"一边说一边指着银行大楼外面的一部崭新的卡迪拉克，那部车在阳光的照射下熠熠生辉。职员咽了口唾沫说："当然可以，先生。"

三个星期以后，得克萨斯州客人如沐春风般地步入银行的大门。他肤色黝黑，显得神采飞扬。他轻松地取出 3000 美元现金，放到了柜台上，在文件上签了自己的名字，然后索取车子的钥匙。在递还车钥匙的时候，年轻的银行职员犹豫了一下，但还是问道："先生，我有点儿不明白。我后来又查了一下您的资料，您拥有大量的流动资产，随时都有足够的现金，可为什么要申请这么小的一笔贷款呢？"

"除此以外，我想不出别的办法可以泊车 3 个星期而只交 25 美元的停车费。"得克萨斯州客人眨了眨眼，拿起钥匙扬长而去。

银行职员呆在那儿了，25 美元刚好是得克萨斯州客人支付的贷款利息，而银行为了车的安全付出的费用是这个数字的很多倍。

感悟
g"anwu"

这是一个非常成功的商人，充分发挥了自己的想象力，打破常规性的思维，懂得用最省钱的方式去经营他的事业。这种常人无法企及的想象力，正是商人成功的法宝。其实想象力是创造的前提，它不仅能给人们带来知识和技能，更能给人们创造财富和幸福生活。

换一种思路

我的老家在偏远的山村，因盛产板栗而闻名。每到深秋，漫山遍野的板栗挂满枝头。山民最忙碌的日子也随之到来。

因为新鲜的板栗最为抢手，所以谁都希望自家的板栗能够

先人一步运到城里，卖个好价钱，竞争自然十分激烈。大家争先恐后地从山上采摘果实，然后运回家里，将刚刚收获的板栗悉数倒出，全家老小围成一圈，依其个头大小进行遴选、分级，再马不停蹄地沿着新修的乡村公路运到城里向外批售，就像是在和时间进行一次赛跑。

可尽管每个人都在分秒必争，但他们发现自己始终要比村里的石根慢半拍。每次当他们心急火燎地赶到果品批发市场时，石根却已喜滋滋地开着空车往回返。几年下来，都是如此。人们不禁疑窦顿生："咦，这小子难道有啥捷径？"

终于有一天，几个饱尝压价之苦的山民，将笑逐颜开的石根"劫"进了饭馆，向他探询总是抢先一步的捷径。

石根惬意地呷着酒，两眼眯成了一条缝，不以为然地说："咳，俺哪有啥捷径？只不过每次摘完板栗，俺就直接装进麻袋里，撂上车，专拣坎坷不平的山路走，一路颠簸下来，小的就漏到下面，大的就留在上面。这样就……"

一语道破迷津，众人愕然。

一帆风顺的旅途只能酿就墨守成规的思维，而人生中的捷径从来都是历经颠簸与坎坷之后才赫然闪现的。

让思维转个弯

今天的电脑键盘上的字母排列已经被所有的人习惯了，尽管有很多新的键盘排列模式，却得不到推广。其实，一开始键盘上的字母排列并不是今天这个样子。

那是在 19 世纪 70 年代，当时最大的专业生产打字机的肖尔斯公司遇到了一个难题。那就是打字机使用起来很容易造成绞键。因为机械工艺不完善，字键按下去之后弹回速度比较慢，如果打字员打字速度很快，就很容易把两个字键绞在一起。为了防止这样的现象发生，打字员们总是需要在打字之

93

感悟
gǎnwu

思维陷于习惯的定式，就很难实现突破和创新。在学习中也是如此，尤其是在面对困难和压力的时候。但如果改变一下思维，转换一下思路，就会出现另一番景象。

后，小心地把字键分开，这样打字速度就大大降低了。很多使用打字机的顾客向肖尔斯公司的服务人员反映了这个问题，希望能够得到改进。顾客的投诉越来越多，公司里的工程师却一筹莫展。他们极力改进工艺，但是于事无补。

一位工程师日思夜想，打字机的打字速度和字键的弹起速度以及打字员的打字速度有关。绞键就是因为打字员的打字速度太快了，快过了字键的弹起时间。如果不能够让字键弹起更快，只能想办法降低打字员的打字速度。

当他的这个想法被提出来的时候，人们都十分赞同。于是，他们开始积极思考降低打字员打字速度的方法。最终，他们想到了改变字母的排列顺序的方法，把那些比较常用的字母放在比较笨拙的手指下，而把那些比较不常用的字母放在比较灵活的手指下。例如 A 比较常用，放在左手小指下。而 V、R、U 等使用率较低的字母则放在灵巧的食指下。这样，就使得击键的速度低下来，给字键的弹回提供了足够的时间。

这种方法使用后，果然成功解决了打字机绞键的问题。后来，尽管材料和工艺上都有了很大的发展，字键的弹回速度已经变得很快，打字员的打字速度再也不足以造成绞键了，但是人们已经习惯了键盘的字母排列顺序，并且一直沿用到今天。

第4章
创新——学习之舟的原动力

人类思维是地球上最美丽的花朵，而创新思维就是其中最灿烂的一枝。它芬芳带露，它娇美可人，它让我们的生活永远新鲜，充满前进的动力。它缔造了古老的文明，它筑造了雄伟的长城，它使人类跨越了一个又一个知识变更的门槛，它推动着我们不断去创造，去生活，去拥抱这个美好的世界。

没有创新，我们将止步不前；没有创新，我们将被历史遗忘；没有创新，人类也就失去了生存的意义。

都市里的悬崖

　　日本最大的帐篷商、太阳工业公司的董事长能村先生想在东京建一座新的销售大厦，可是他想：如果在寸土寸金的东京只建一座大厦，不但一时难以收回成本，而且还要支付大厦的日常开支，而这些开支还是一笔不小的数目。怎样才能做到既建了大厦，又可以借此开拓新的市场呢？

　　有了这种想法后，能村先生便特别关注生活里的一些热点问题。当时，攀岩热正在日本兴起，且大有蓬勃发展之势，这令能村先生茅塞顿开：何不建一座都市悬崖，满足那些都市年轻人的爱好？

　　经过调查研究，能村先生邀请了几位建筑师，反复研讨，决定把十层高的销售大厦的外墙加一点花样，建成一座悬崖绝壁，作为攀登悬崖的练习场。

　　半年后，一座植有许多花木青草的悬崖，便昂然矗立在东京市区内，仿佛一个多彩而意趣盎然的世外桃源。

　　练习场开业那天，几千名喜爱攀岩的年轻人，兴高采烈地聚集此处，纷纷借此过一把攀岩瘾。

　　在东京市区内出现了从前在深山峻岭中才能看到的风景，这一下子吸引了人们的目光，每日来此观光的市民不计其数。而一些外地的攀岩爱好者闻讯后，也不辞辛苦地到东京一显身手。

　　结果，能村先生不仅在东京建了一座大厦，还凭借这座大厦的外墙——都市里的悬崖，赚了大钱。

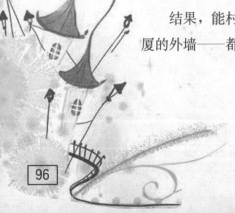

· 以 火 灭 火 ·

有一次，美洲草原上失了火，烈火借着风势，无情地吞噬着草原上的一切。那天刚巧有一群游客在草原上玩，一见烈火扑来，个个惊慌失措。幸好有一老猎人与他们同行，他一见情势危急，便喊道："为了我们大家都有救，现在听我的。"老猎人要大家拔掉面前这片干草，清出一块空地来。这时大火越来越逼近，情况十分危险，但老猎人胸有成竹，他让大家站到空地的一边，自己则站在靠近大火的一边，用被褥把自己那些容易着火的衣服盖起来，然后就领人们走到这块不大的空地的一边去。做了这些预防措施以后，老人就走到这块空地的另一边，那里大火已经像个高而危险的环墙，把旅客们包围了。他拿了一束非常干的草放在枪架上点起来，容易燃烧的干草立刻烧着了。老人把烧着的干草扔到高树丛里，然后走到圈子中央，耐心地等待着自己行动的结果。

转眼间在老猎人身边升起了一道火墙，这道火墙同时向三个方向蔓延开去。奇迹发生了，老猎人点燃的这道火墙并没有顺着风势烧过来，而是迎着那边的火烧过去，当两堆火终于碰到一块时，火势骤然减弱，然后渐渐熄灭。

游客们脱离险境后，纷纷向他请教以火灭火的道理。老猎人笑笑说："今天草原失火，风虽然向着这边刮来，但近火的地方，气流还是会向火焰那边吹去的。我放的这把火就是抓准机会，借这气流向那边扑去，这把火把附近的草木烧了，这样那边的火就再也烧不过来，于是我们得救了。"

感悟
ganwu

以水灭火是常理，在没水的情况下以火灭火则是创新思维。老猎人的创新靠的不仅是勇气，还有丰富的草原知识。对我们来讲，创新是作文的灵魂，我们要在平时的阅读中积累材料，为作文的创新打好基础。

· 买一赠一 ·

也许，在创新之路上，我们提出的一些不同凡响的观点、与众不同的看法，会暂时不被别人接受，甚至会遭到讥笑与嘲讽，但是请不要轻易放弃，要像小哈利一样，想办法验证自己的观点，相信风雨之后会有彩虹。

美国宣传奇才哈利十五六岁时，在一家马戏团做童工，负责在马戏场内卖小食品和饮料。可是，当时来马戏团参观的人并不多，买东西吃的人就更少了，而买饮料的人简直是寥寥无几。

有一天，哈利突然产生了一个想法：向每一个买票来马戏团参观的人赠送一包花生，借以吸引观众。于是，哈利兴高采烈地找到老板，向他提出自己的想法，可是老板毫不犹豫地否定了，他甚至认为哈利简直提出了一个"荒唐至极的想法"。哈利没有办法，只能用自己微薄的工资作担保，希望老板能让他试一试。老板经不住哈利的再三恳求，终于同意了。

于是，马戏团演出场地外就多了一个声音："来看马戏，买一赠一！买一张票送一包好吃的花生！"在哈利不停的叫喊声中，来马戏团参观的观众比往常多了几倍。而观众们进场后，小哈利就开始叫卖起饮料来，而绝大多数观众在吃完花生后觉得口干时，都会买上一杯饮料。结果，一场表演下来，马戏团的营业额比以往增加了十几倍。

· 受到欢迎的文具组合 ·

玉村浩美是个刚工作一年的女孩子。如同所有的年轻人一样，她年轻有活力，对生活和工作充满希望和热情。不幸的是，她所在的普拉斯文具公司，那时由于经营不景气，正处于破产的边缘，她也面临即将失业的困境。

日本的文具业像其他行业一样，竞争非常激烈，在质量上高人一等，价格上要低人一级，这几乎是不可能的，因为这两者很难兼顾。在竞争中，普拉斯文具公司明显地处于下风，库

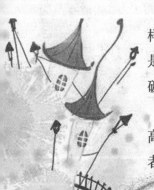

存大量积压，资金周转不灵。玉村浩美事业心很强，她也千方百计地想办法，为公司图生存求发展，她终于想到了以"文具组合"的形式来推销商品。所谓"文具组合"，就是把直尺、卷尺、透明胶带、小刀、订书机、剪刀和糨糊七件小文具装在一个盒里，一同出售。她把自己的想法及时向董事会作了汇报。

公司董事会在讨论玉村浩美的计划时，意见很不统一，一部分人认为：本来分散的价格低廉的小文具经过组合出售后，就可能成批销出，一笔生意等于原先的七笔生意，销售额就会随之增加；另一部分人则认为，在生活中，顾客往往只需要或缺少一两样文具，何必多花钱去购买一套七件文具呢？

好在玉村浩美的计划实施起来并不困难，文具是现成的，只要稍经加工改造，再配上一只盒子，就成为"文具组合"了。所以董事会还是决定将"文具组合"推出去试试。

"文具组合"一经问世，竟成了热销商品。门市部顾客盈门，玉村浩美热情而忙碌地接待一批批求购者。一个老年知识分子说："'文具组合'不仅使用方便，而且能使书房增添色彩，即使价格贵一点儿，也是值得的。"

一对中年夫妻居然各买了一个。他们说："单件小文具几乎毫无购买的必要，'文具组合'就成了值得保存的物品了，即使买两个也不算多。"

又来了一批学生，他们说："小刀、尺子、胶带之类的文具，随用随丢。与其说是用掉的，不如说是丢掉的。'文具组合'的七件文具，在盒子里各有其位，就能各司其用，再也不会发生随用随丢的现象了。"

董事们听了这些意见，归结到一点就是：原来分散的小文具仅仅有使用价值；而现在将文具组合起来，就不仅有了使用价值，而且还有了保存价值，于是顾客的购买心理也有了变化，从"想使用"变成了"想拥有"，这正是该产品受到欢迎

的根本原因。

普拉斯公司从 1985 年开始销售"文具组合",在短短的一年多时间里,就销售了 340 万个,公司摆脱了困境,飞速地发展起来了。玉村浩美也成了公司里名噪一时的新闻人物。

用机器制造皮鞋

"我成大事的秘诀很简单,那就是永远做一个不向现实妥协而刻意创新的叛逆者。"

这是美国实业家罗宾·维勒的话。罗宾·维勒的言行是一致的,我们能从罗宾·维勒的身上看到创新思维对一个人成功所起的作用有多么巨大。

当全美短筒皮靴成为一种流行时尚的时候,每个从事皮靴业的商家几乎都趋之若鹜地抢着造短皮靴供应各个百货商店,他们认为跟着大潮流走要省力得多。

罗宾当时经营着一家小规模皮鞋工场,只有几十名雇工。

他深知自己的工场规模小,要挣到大笔的钱确非易事。自己微薄的资本、微小的规模,根本不足以和强大的同行相抗衡。而如何在市场竞争中获得主动权,争取有利地位呢?

罗宾选择了两条道路:

一是在皮鞋的用料上着眼。就是尽量提高鞋料成本,使自己工场的皮鞋在质量上胜人一筹。然而,这条道路在白热化的市场竞争中行走起来是很困难的,因为自己的产品产量比别人少得多,成本自然就比别人高,如果再提高成本,那么获利有减无增。显然,这条道路是行不通的。

二是着手皮鞋款式改革,以新领先。罗宾认为这个方法比较妥当,只要自己能够翻出新花样、新款式,不断变换、不断创新,招招占人之先,就可以打开一条出路。如果自己创造设计的新款式为顾客所钟爱,那么利润就会接踵而至。

经过一番深思熟虑，罗宾决定走第二条道路。

他立即召开了一个皮鞋款式改革会议，说："为了我们每个人的发展，希望大家集思广益，设计出新的样式，让大家认可我们的鞋。"

为了激发工人的创新积极性，罗宾规定了一个奖励办法：凡是所设计的新款鞋样被工场采用，设计者可立即获得100美元的奖金；所设计的鞋样通过改良被采用，设计者可获50美元奖金；即使设计的鞋样不能被采用，只要其设计别出心裁，均可获50美元奖金。

同时，他即席设立了一个设计委员会，由五名熟练的造鞋工人任委员，每个委员每月额外支取100美元。

这样一来，在这家袖珍皮鞋工场里，马上掀起了一股皮鞋款式设计热潮，不到一个月，设计委员会就收到40多种设计草样，经过评议，采用了其中3种款式较别致的鞋样。罗宾立即召集全体大会，给这三名设计者颁发了奖金。

罗宾的皮鞋工场就把这3个新款式皮鞋试行生产。

第一次将每种新款式皮鞋各制作1 000双，制成后立即将其送往各大城市推销。

这些款式新颖的皮鞋，立即在顾客中掀起了一股购买热潮。

两星期后，罗宾的皮鞋工场收到2 700多份数量庞大的订单，这使得罗宾终日忙于出入各大百货公司经理室大门，跟他们签订合约。

因为订货的公司多了，罗宾的皮鞋工场逐渐扩大起来，3年之后，他已经拥有18间规模庞大的皮鞋工场了。

不久危机又出现了，当皮鞋工场一多起来，做皮鞋的技工便显得供不应求了。最令罗宾头疼的情形是别的皮鞋工场尽可能地把工资提高，挽留自己的工人，即使罗宾出重资，也难以把其他工场的工人拉过来。缺乏工人对罗宾来说是一道致命的

难关。因为他接到了不少订单，如果无法给买主及时供货，这将意味着他得赔偿巨额的违约损失。

罗宾忧心忡忡。他又召集18家皮鞋工场的工人开了一次会议。他始终相信，集思广益，可以解决一切棘手的问题。

罗宾把没有工人可雇佣的难题告诉大家，要求大家各尽其力地寻找解决途径，并且重新宣布了以前那个动脑筋有奖的办法。

会场一片沉默，与会者都陷入思考之中，搜肠刮肚地想办法。

过了一会儿，有一个小工举起右手请求发言，罗宾嘉许以后，他站起来怯生生地说："罗宾先生，我以为雇请不到工人无关紧要，我们可以用机器来制造皮鞋。"

罗宾还来不及发表意见，就有人嘲笑那个小工："孩子，用什么机器来造鞋呀？你是不是可以造出一种这样的机器呢？"

那小孩窘得满面通红，惴惴不安地坐了下去。

罗宾却走到他身边，请他站起来，然后挽着他的手走到主席台上，朗声说道：

"诸位，这孩子没有说错，虽然他还没有造出一种造皮鞋的机器，但他这个办法却大有用处，只要我们围绕这个思路想办法，问题定会迎刃而解。我们永远不能安于现状，思维不要局限于一定的桎梏之中，这才是我们永远能不断创新的动力。现在，我宣告这个孩子可获得500美元的奖金。"

经过四个多月的研究和实验，罗宾的皮鞋工场的大量工作就已被机器取而代之了。

罗宾·维勒的名字，在美国商业界，就如一盏耀眼的明灯，他的成功，与他时时保持锐意创新的精神是密不可分的。

木柴无烟，百担有余

相传中国古代著名军事家孙膑的老师鬼谷子在教学中极其注重培养学生的创新思维，而且其方法别具一格。

有一天，鬼谷子给孙膑和庞涓每人一把斧头，让他们上山砍柴，并提出了"木柴无烟，百担有余"的要求，而且限定他们在十天内完成任务并回到鬼谷洞。

庞涓听了老师的话后，未加思索，便马上收拾好行囊，上山去砍柴，而且每天劳作不止。

庞涓出发后不久，孙膑也出发了，可是他没有马上就去砍柴，而是先认真思考了一番。之后，他在山上砍了一些榆木，并且把它们放到一个大肚子小门的窑洞里，烧成木炭。然后又找了一根柏树枝，把它做成了扁担，打算用这个柏树枝做成的扁担，把榆木烧成的木炭挑回鬼谷洞，取"百（柏）担有余（榆）"之意。

后来，庞涓和孙膑都在鬼谷子规定的时间内回到了鬼谷洞，不同的是，庞涓带回了一百多担木柴，而孙膑挑回了一担木炭。

鬼谷子先在洞中点燃了庞涓砍的木柴，火势很旺，但浓烟滚滚。接着，他又点燃了孙膑烧的木炭，火旺且无烟，正符合鬼谷子提出的"木柴无烟"的要求。

由于孙膑的做法正是鬼谷子所期望的，所以，他自然得到了鬼谷子的表扬。

后来，孙膑和庞涓学成出师后，孙膑用兵常常出神入化，不拘于常理，可是庞涓则显得稍逊一筹。

感悟 ganwu

打破常规，运用独特的方式或方法解决问题，是创新思维最显著的特征。孙膑因为具备创新思维，所以不但理解了鬼谷子提出的问题，而且在出师后，还懂得灵活运用创新思维，出神入化地用兵布阵，这一点值得我们学习。

留下自己的闪光足迹

数学家明可夫斯基是 1899 年爱因斯坦在瑞士苏黎世联邦工业大学就读时的导师。由于爱因斯坦肯动脑、爱思考，深得明可夫斯基的赏识。师徒二人经常在一起探讨科学、哲学和人生。

有一次，爱因斯坦突发奇想，问明可夫斯基："一个人，比如我吧，究竟怎样才能在科学领域，在人生道路上，留下自己的闪光足迹，作出自己的杰出贡献呢？"

一向才思敏捷的明可夫斯基被问住了，直到 3 天后，他才兴冲冲地找到爱因斯坦，非常兴奋地说："你那天提的问题，我终于有了答案！"

"什么答案？"爱因斯坦迫不及待地抱住老师的胳膊，"快告诉我呀！"

明可夫斯基手脚并用地比画了一阵，怎么也说不明白，于是，他拉起爱因斯坦就朝一处建筑工地走去，径直踏上了建筑工人刚刚铺平的水泥地面。在建筑工人们的呵斥声中，爱因斯坦被弄得一头雾水，非常不安地问明可夫斯基："老师，您不是领我误入歧途吗？"

"对，对，歧途！"明可夫斯基顾不得别人的指责，非常专注地说，"看到了吧，只有这样的'歧途'，才能留下足迹！"然后，他又解释说："只有新的领域、只有尚未凝固的地方，才能留下深深的脚印。那些凝固很久的老地面，那些被无数人、无数脚步涉足的地方，别想再踩出脚印来……"

听到这里，爱因斯坦沉思良久，非常感激地对明可夫斯基说："恩师，我明白您的意思了！"

从此，一种非常强烈的创新和开拓意识，开始主导着爱因斯坦的思维和行动。他曾经说过这样的话："我从来不记忆和

感悟 gǎnwù

走"尚未凝固的水泥路面"，走没有人走过的路，踩出的脚印才会牢固。那些"没载入书本的东西"需要我们去发掘，用一系列的实验得出来。

思考词典、手册里的东西，我的脑袋只用来记忆和思考那些还没载入书本的东西。"

于是，就在爱因斯坦走出校园，初涉世事的几年里，他作为伯尔尼专利局里默默无闻的小职员，利用业余时间进行科学研究，在物理学3个未知领域里，齐头并进，大胆而果断地挑战并突破了牛顿力学。在他刚刚26岁的时候，就提出并建立了狭义相对论，开创了物理学的新纪元，为人类作出了卓越的贡献，在科学史册上留下了深深的闪光的足迹。

那段尚未凝固的水泥路面，启发了爱因斯坦的创新和探索精神。其实，在人类社会和现实生活的各个领域，都有各式各样的"尚未凝固的水泥路面"，等待着人们踩出新的脚印、踏上新的征程。

出卖智慧的人

越战期间，美国好莱坞举行过一次募捐晚会，由于当时的反战情绪比较强烈，募捐晚会以1美元的收获而收场，创下好莱坞的一个吉尼斯世界纪录。不过，在这次晚会上，一个叫卡塞尔的小伙子却一举成名，他是索斯比拍卖行的拍卖师，那1美元是他用智慧募集到的。

当时，募捐的现场很冷淡，为了调动观众的情绪，他让大家在晚会上选一位最美丽的姑娘，然后他来拍卖这位姑娘的一个亲吻。最后他募到了难得的1美元，当好莱坞把这1美元寄往越南前线的时候，美国的各大报纸都进行了报道。

人们看到这一消息，无不惊叹于卡塞尔对战争的嘲讽，然而德国的某一猎头公司却敏锐地发现了一位天才，他们认为卡塞尔是棵摇钱树，谁能运用他的智慧，必将财源滚滚，于是建议日渐衰微的奥格斯堡啤酒厂重金聘他为顾问。1972年，卡塞尔移居德国，受聘于奥格斯堡啤酒厂。

|感 悟
ganwu

在知识经济时代，智慧就是金钱，创意就是财富。卡塞尔立足于现实，使自己创意的点子不断。他的创意，总是与时代热点相挂钩，这与我们作文的选材也有相通之处，写那些紧扣时代脉搏的题材就是一篇好文章的基础。

他果然不负众望，在那里异想天开地开发了美容啤酒和浴用啤酒，从而使奥格斯堡啤酒厂一夜成为全世界销量最大的啤酒厂。他的名字因此也越来越响，政府也开始注意到他。

1990年，卡塞尔以德国政府顾问的身份主持拆除柏林墙，这一次，他使柏林墙的每一块砖以收藏品的形式进入了世界上200多万个家庭和公司，创造了城墙砖售价的世界之最。

1998年，卡塞尔返回美国，他下飞机的时候，美国大西洋赌城——拉斯维加斯正上演一出拳击喜剧，泰森咬掉了霍利菲尔德的半块耳朵。出人意料的是，第二天欧洲和美国的许多超市出现了"霍氏耳朵"巧克力，其生产厂家是卡塞尔所属的特尔尼公司。这一次，卡塞尔虽因霍利菲尔德的起诉输掉了盈利额的80%，然而他天才的商业洞察力却给他赢来年薪3 000万元的身价。

新世纪到来的那一天，他应休斯敦大学校长曼海姆的邀请，回母校作创业方面的演讲。在这次演讲会上，一个学生当众向他提了这么一个问题："卡塞尔先生，您能在我单腿站立的时间里，把您创业的精髓告诉我吗？"那位学生正准备抬起一只脚，卡塞尔就答复完毕："生意场上，无论买卖大小，出卖的都是智慧。"

这次他赢得的不仅是掌声，还有一个荣誉博士的头衔。

·深思的力量·

美国一所大学，举行物理考试，一名学生被评定为零分，他心有不甘，提出抗议。

校方也很开明，请了一名教授重新出题考试。考题是这样的——试说明如何利用气压计测出一栋大楼的高度。

学生的答案是："将气压计携至大楼顶端，系上长绳，再将气压计垂直放到街上，测量绳子长度，此即为大楼之高度。"

看完之后，教授觉得答案完整，应得满分。不过，他认为学生未能充分利用物理学原理，于是要求再答。

学生欣然答应，很快就给出了另一个答案——将气压计拿到大楼顶端，抛下气压计，记住它落地所用的时间，再利用公式 $s=1/2at^2$，即可算出大楼的高度。

这个学生又得满分，教授看过答案，一阵苦笑，决定投降。

教授好奇地问："还有其他答案吗?"

学生说："还有许多方法，例如，你可以将气压计拿到室外，量出气压计及其影子的长度，再量出建筑物影子的长度，利用简单的比例关系，即可计算出高度。"

听完后，教授说："很好，还有吗?"

学生继续说："只要沿着阶梯而上，以气压计的长度为单位，在墙壁画下记号，计算一下记号的数目，即可得出大楼的高度。"

最后，他还说："你可以去敲管理员的门，对他说'我这儿有一个很棒的气压计，如果你告诉我大楼的高度，我就把它送给你'。"

这时候，教授忍不住问："你真的不知道问题的正确答案吗?"

学生说："从小到大，我厌倦了老师不断教导我们如何使用'科学方法'，而不是教导我们去思考，因此，我才开开玩笑，表示我的抗议。"

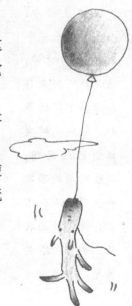

一面真实的旗帜

自古以来，旗帜就是一种象征。国旗则是一个国家的象征，它象征着一个国家的尊严，象征着一个国家的荣誉；它凝聚着一国人民的精神，指引着一个国家的方向。

第二次世界大战结束的时候，美国的国旗上只有48颗星，它代表着当时美国联邦政府的48个州。但20世纪50年代后期，两个新的州——阿拉斯加、夏威夷即将加入联邦政府，这样，有着50个州的美国，再用48颗星的国旗就显得很不合适了。那么谁是新国旗的设计者呢？出人意料的是，50颗星的新国旗的设计者，在当时仅仅是个17岁的高中生，他的家在俄亥俄州的兰开斯特市。

那是1958年春天的一个星期五下午，高中生罗伯特·G.赫弗特坐着校车回家。他一路上都在思考历史课老师普拉特先生布置的家庭作业。老师要求全班同学各自独立完成一个课题，这个课题要能表达他们对历史这门学科的兴趣。要求是：有可视性，有独创性。作业要在下星期一完成。做什么好呢？一路上，他都在思考这个问题，想有一个和其他同学不同的创意。

罗伯特所乘坐的校车驶过兰开斯特市的闹市区时，他一眼看见了飘扬在市政厅屋顶上的美国国旗。"就是它了，我要设计一面新的国旗。"他对自己说。

当时，阿拉斯加很快就将成为美国的第49个州，罗伯特有一个预感，当时由共和党占统治地位的夏威夷，也一定会在不久的将来，成为美国的第50个州。

回到家，一放下书包，罗伯特便着手设计心目中新的美国国旗。他画出了50个小格子，每一个格子里画上一颗五角星。思路一打开，便一发不可收拾，他一口气将脑海中的图案定格于稿纸上：每行6颗星，一共有5行，另外还有4行，每行5颗星。

第二天早上，他从衣柜里找出家里备用的当时的国旗，在客厅里，用剪刀剪下了蓝底上印有48颗星的那一角。

妈妈看见罗伯特用剪刀剪国旗，着实吓了一跳。她责备罗伯特说："孩子，我们是不可以亵渎神圣的国旗的。"可罗伯特

感悟
gǎnwù

在生活中，当我们提出一个新想法的时候，难免会听到来自各方面不同的声音，那些能够秉持自己的思想，战胜别人的否定和阻碍的人，常常会有意外的收获。创新需要勇气。

争辩说："我这是在做学校布置的家庭作业。妈妈，我保证，我不会把国旗给搞糟的。"

罗伯特骑车到商店买来了一块蓝色的棉布，还有一些补衣服用的白色不干胶胶布。只要用熨斗一熨，这些胶布就会粘在棉布上。他先用硬纸板剪好五角星的样子，然后照着样子在不干胶胶布上画下 100 颗五角星，剪下来，这样，他就可以在蓝布的两面都各贴上 50 颗星了。

本来，罗伯特打算请妈妈帮他把做好的这块旗面缝到那面旧国旗上去，但是妈妈不愿意"胡来"。于是，罗伯特只好自己用脚踏缝纫机把这一角缝了上去，连他自己都惊讶，自己居然会无师自通地使用缝纫机。最后，他用熨斗把缝好的新国旗熨烫平整。家庭作业完成了，但结果并不像罗伯特所希望的那样能得到个"A"。老师普拉特先生仔细看了罗伯特的杰作，摇了摇头说："这不是我们真实的国旗，我们的国旗上哪来 50 颗星？"尽管罗伯特解释了又解释，但普拉特先生坚持只给罗伯特打个"及格"。罗伯特又气又恼，非常扫兴。他据理力争，这还是他第一次为自己的分数与老师争辩："我认为我的作业应该得到更好的分数。另一个同学做了一幅树叶粘贴画都得了'A'，我的作业为什么不能？何况我的作业还发挥了一定的想象力呢！"

普拉特先生冷静地看着罗伯特，宣布说："如果你不喜欢我给你的分数，那你自己把旗帜扛到华盛顿去，看他们能接受不？"

这正是罗伯特心中所希望做的事。他马上骑车去了当地议员沃尔特·莫勒先生的家。敲开议员的家门，罗伯特把他自己设计的、新做的国旗拿给沃尔特·莫勒先生看，并陈述了他为什么要这样设计新国旗的原因。这个稚气未脱的 17 岁的高中生问议员先生："您能把我设计的新国旗带到首都华盛顿去吗？如果要举行为 50 个州的美利坚合众国设计新国旗的比赛，议

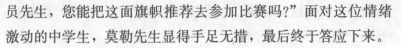

员先生，您能把这面旗帜推荐去参加比赛吗?"面对这位情绪激动的中学生，莫勒先生显得手足无措，最后终于答应下来。

"也许他是想赶紧把我打发走。"罗伯特后来对人讲起这事时笑着说。

在接下来的两年中，罗伯特一直怀着希望等待着。1959年1月，美国总统艾森豪威尔签署了公告，宣布阿拉斯加成为美国的第49个州。就像其他的州一样，按规定，代表阿拉斯加州的这一颗星，应该在7月4日美国国庆这一天加进国旗里。但是，显而易见，49颗星的美国国旗几乎立即就要过时——因为到这一年的8月，夏威夷就将成为美国的第50个州。这正是罗伯特所预料和期望的。

这时，罗伯特已经高中毕业了，普拉特先生给那次作业判下的可悲分数"及格"仍然记录在登记本里。罗伯特成了一家工业公司的制图员。"我设计的那幅国旗不知怎么样了?"他时常禁不住想到它。他已经听说有成千上万的国旗设计方案交了上去。国会组织了一个专门的委员会负责审查，最后选出5个方案上报给艾森豪威尔总统。

到了那年6月份的时候，一天，罗伯特正在公司的制图室工作，一位秘书上气不接下气地跑来叫他："有你的电话，是一位国会议员打来的，快去接。"

是莫勒先生，罗伯特一下子就听出了他的声音。"孩子，我为你骄傲，艾森豪威尔总统选择了你的新国旗设计方案。祝贺你!"

罗伯特高兴得跳了起来。他买了机票飞到华盛顿，为的是亲眼去看看自己设计的新国旗被人们挂起来的样子。这是它第一次高高地飘扬在国会大厦的房顶上! 那时，虽然还有成千上万的人也提出了类似的设计，但罗伯特的方案是最先交上去的，而且，它不仅仅是一个草图，它是一面真实的旗帜，这正是罗伯特的方案胜出的优越条件。从此，罗伯特设计的美国新国旗便成了这个国家正式的国旗，它很快插遍全美各地，它在每一个州的议会大厦上高高飘扬，也遍插于美国驻世界各国大使馆的屋顶上。它是美国历史上唯一一面历经 5 届总统，现在仍然飘扬在白宫上空的国旗。

一物二用的导游手帕

在日本东京，"夫妻店"随处可见，它们就像小小的虾米一样，生机盎然，而它们的存在往往都有着自己极不平常的经营妙方。

其中，有一家专卖手帕的"夫妻老店"，由于超级市场的手帕品种多，花色新，他们竞争不过，生意日趋惨淡，眼看经营了几十年的老店就要关门了，他们却束手无策，只能在焦虑中度日如年。

一天，丈夫坐在小店里漠然地注视着过往的行人，面对那些穿着娇艳的旅游者，他忽然产生了一个灵感，不禁忘乎所以地叫出声来，老伴吓了一跳，以为他急疯了，正要上前安慰，却听他念念有词地说："导游图，印导游图。""改行？"妻子惊讶地问。"不，不是，手帕上可以印花、印鸟、印水，为什么不能印上导游图呢？一物二用，一定会受到游客们的青睐！"老伴听了，恍然大悟，连连称是。

于是，这对老夫妻立即向厂家订制了一批印有东京交通图及有关风景区旅游路线的手帕，并且广为宣传。

丈夫的这个点子果然灵验，不但让他们的手帕销路大开，而且使他们的"夫妻店"绝处逢生，财运亨通起来。

游戏比赛

现在有很多游戏是益智的，这样的游戏不仅可以减轻压力，还可以锻炼思维。在一次企业管理的培训班上，大家在做

感悟 ganwu

当我们陷入困境、走投无路的时候，如果能像故事中的丈夫一样，突破旧规，另辟蹊径，大胆创新，很可能会扭转局面，化险为夷。

感悟
gǎnwù

　　提高效率就要寻找新方法，获得成功更需创新精神。就好像课堂上做笔记，有的同学会把老师讲的一字不漏地记下来，以为这样可以提高学习效率。其实，我们要一边记一边消化，拣重点地记，这种方法比全盘记录要有效得多。

一个游戏。十几个学员平均分为两队，要把放在地上的两串钥匙捡起来，从队首传到队尾。规则是必须按照顺序，并使钥匙接触到每个人的手。比赛开始并计时。两队的第一反应都是按老师做过的示范：捡起一串，传递完毕，再传另一串。结果都用了15秒左右。

　　老师说："动动脑筋，时间还可以再减半。"一个队先"悟"了，把两串钥匙拴在一起同时传，同时加快了传递的速度，这次只用了5秒钟。老师说："时间还可以再减半，你们还有潜力可挖！"怎么可能？学员们很不自信。这时场外没参加游戏的人急忙提醒道："只是要求按顺序从手上经过，不一定非得传递呀！"一个队明白了，完全抛开了传递方式，开始飞快地把手扣成圆桶状，摞在一起，形成一个通道，让钥匙像自由落体一样从上落下，既按顺序通过，同时也接触了每个人的手。时间是0.5秒，随即欢呼声起。

不畏强权，挑战传统

　　祖冲之出生在书香门第，虽出生在官宦世家，但他无纨绔子弟之习气，奋发向上。虽在宋、齐两代做官，但没有醉心利禄，从政为官时，从来也没有放弃和放松科学研究。他特别爱好研究数学，喜欢研究天文历法，经常观测太阳和星球运行的情况，并且作了详细记录。

　　我国历代都有研究天文的官，并且根据研究天文的结果来制定历法。到了宋朝的时候，历法已经有很大进步，但是祖冲之认为还不够精确。他根据自己长期观察的结果，创制出一部新的历法，叫做"大明历"（"大明"是宋孝武帝的年号）。这种历法测定的每一回归年（也就是两年冬至点之间的时间）的天数，跟现代科学测定的相差只有50秒；测定月亮环行一周

的天数，跟现代科学测定的相差不到 1 秒，可见它的精确程度了。

公元 462 年，祖冲之请求宋孝武帝颁布新历，孝武帝召集大臣商议。那时候，有一个皇帝宠幸的大臣戴法兴出来反对，认为祖冲之擅自改变古历，是离经叛道的行为。祖冲之当场用他研究的数据回驳了戴法兴。戴法兴倚仗皇帝宠幸他，蛮横地说："历法是古人制定的，后代的人不应该改动。"祖冲之一点也不害怕，他严肃地说："你如果有事实根据，就只管拿出来辩论，不要拿空话吓唬人。"宋孝武帝想帮助戴法兴，找了一些懂得历法的人跟祖冲之辩论，也一个个被祖冲之驳倒了。但是宋孝武帝还是不肯颁布新历，直到祖冲之死了十年之后，他创制的大明历才得到推行。

写在纸尿片上的求职信

在当今社会，要想进入一个实力强大的公司，除非你有非凡的、不同常人的才能。我有一个朋友，现在是国际 4A 公司的创意副总监。说到她的求职经历，真如传奇一般。

当时她 27 岁，想应聘广告员，但她在广告这个行业的经验等于零。可她对那些小广告公司不感兴趣，当她说要进国际排行 50 强的 4A 公司时，所有的朋友都认为那是痴人说梦，劝她实际一点，最好先找个小公司锻炼一下，等积累了丰富的经验，再去大公司也不迟。她不肯，执意按自己的意思办。大家都觉得她不自量力，等着她失败后来诉苦了。

但是她做到了！

她没有用普通的信封投递求职信，而是用一只包裹。她向

所有她中意的公司全部投递了这样一只巨大的包裹，并且直接寄给公司总经理。

试想一下，一只包裹，在一堆千篇一律的信封中已经是鹤立鸡群，一下就抓住了人们好奇的视线。打开那只包裹后，里面空空如也，只有一张薄薄的纸尿片，上面写了一句话："在这个行业里，我只是个婴儿。"背面写了她的联系方式。

几乎所有收到这张纸尿片的广告公司老总都在第一时间内给她打了邀请面试的电话。无一例外，他们问她的第一个问题就是："为什么你的求职信要选择一张纸尿片？"她的回答同样富有创意。她说："我知道我不符合要求，因为我没有任何经验。但我就像这纸尿片一样，愿意学习，吸收性能特别强。并且，没有经验并不等于我是白纸一张，我希望你们能通过这个细节看到我在创意上的能力。"

她成功了。

巧换主仆

战国时期，一位公子有一位聪慧过人的仆人，名字叫鸱夷子皮。

有一次，公子从齐国逃亡到燕国。主仆二人一路颠簸，眼看前边就要到燕国了，鸱夷子皮突然停了下来，他想到了一个主意。

公子看到鸱夷子皮似乎有话要说，就停了下来，问他在想什么，鸱夷子皮说："我想起一个故事，不知您想不想听？"

公子知道鸱夷子皮是个有心计的人，不会无缘无故地想到要讲故事，一定有什么要说的道理，便催促道："不妨快快讲来。"

鸱夷子皮说："从前，在一个即将干涸的水塘里，住着许多蛇。有一天，水干了，蛇们不得不离开这里，迁移到别的地

感悟
ganwu

一旦打破了人们头脑中习以为常的思维定式，就会产生出奇制胜的效果。我们每个人都受着习惯思想的束缚，打破常规就意味着要创新，换角度思考。我们在学习上、生活上要善于打破常规，写作文如此，学语文、数学也是如此。

方去。有一条小蛇和大蛇结伴同行。为了安全，小蛇想到一个主意：让大蛇背着它走。因为如果大蛇在前边行，小蛇在后边跟着，那么，一路上，人们一定把它们看成普普通通的蛇；但是如果大蛇背着小蛇走人们就会很惊奇，甚至会把小蛇当成水塘里的蛇王，这样，人们不但不会伤害它们，还会十分恭敬地为它们让路。大蛇认为小蛇说的有道理，于是，它们就按小蛇说的去做，果然平安无事。"

公子听了鸱夷子皮的话，觉得有道理，就赞同地说道："你就痛痛快快地说，我们究竟该怎么做。"

鸱夷子皮说："我自己的相貌平平，你的相貌却很有气度。如果我做你的侍从，在人们眼里是很平常的事；如果你做我的侍从，人们就会刮目相看。在他们眼里，这样一个不起眼的人竟会有如此不凡的侍从，此人一定大有来头，且不可小视。这样，或许我们会得到意想不到的利益。"

公子一想，觉得非常有道理，便当即决定按约定装扮成对方的身份，公子扮成侍从，鸱夷子皮扮成主人，二人进城后，果然受到客栈主人的盛情款待。

老鞋匠的嘱咐

在苏格兰一个小镇上，一位年迈的鞋匠决定把补鞋这门本事传给三个年轻人。在老鞋匠的悉心教导下，三个年轻人进步很快。当他们学艺已精，准备去闯荡时，老鞋匠只嘱咐了一句："千万记住，补鞋底只能用四颗钉子。"三个年轻人似懂非懂地点了点头，踏上了旅途。

过了数月，三个年轻人来到了一座大城市各自安家落户，从此，这座城市就有了三个年轻的鞋匠。同一行业必然有竞争，但由于三个年轻人的技艺都不相上下，日子也就风平浪静地过着。

过了些日子后，第一个鞋匠就对老鞋匠那句话感到了苦恼。因为他每次用四颗钉子总不能使鞋底完全修复，可师命不敢违，于是他整天冥思苦想，但无论怎样想他都认为办不到。终于，他不能解脱烦恼，只好扛着锄头回家种田去了。

第二个鞋匠也为四颗钉子苦恼过，可他发现，用四颗钉子补好底后，坏鞋的人总要来第二次才能修好，结果来修鞋的人总要付出双倍的钱。第二个鞋匠为此暗喜着，他自认为懂得了老鞋匠最后一句话的真谛。

第三个鞋匠也同样发现了这个秘密，在苦恼过后他发现，其实只要多钉一颗钉子就能一次把鞋补好。第三个鞋匠想了一夜，终于决定加上那一颗钉子，他认为这样能节省顾客的时间和金钱，更重要的是他自己也会安心。

又过了数月，人们渐渐发现了两个鞋匠的不同。于是第二个鞋匠的铺面里越来越冷清，而去第三个鞋匠那儿补鞋的人越来越多。最终，第二个鞋匠铺也关门了。

日子就这样继续下去，第三个鞋匠依然和从前一样兢兢业业为这个城市的居民服务。当他渐渐老去时，他开始真正懂得了老鞋匠那句嘱咐的含义：要创新，而且不能有贪念，否则必会为社会所淘汰。

又过了几年，第三个鞋匠也老了，这时又有几个年轻人来学手艺，当他们学艺将成时，鞋匠也同样向他们嘱咐了那句话："千万记住，补鞋底只能用四颗钉子。"

楼外的电梯

多年前，人们的生活还没有现在发达，电梯都是安在室内的。有一家酒店的电梯不够用，打算增加一部。于是请来了建筑师和工程师研究如何增设新的电梯。专家们一致认为，最好的办法是每层楼打个大洞，直接安装新电梯。方案定下来之后，两位专家坐在酒店前厅里商谈工程计划。他们的谈话恰巧被一位正在扫地的清洁工听到了。

清洁工对他们说："每层楼都打个大洞，肯定会到处尘土飞扬，弄得乱七八糟。"

工程师不屑于和清洁工浪费时间，瞥了清洁工一眼说："那是难免的。"

清洁工又说："那可不行，关门一段时间，别人还以为酒店倒闭了呢。再说，那也影响收益呀。"

两个工程师没有说话，因为清洁工的考虑不无道理。

"我要是你们，"清洁工说，"我就会把电梯装在楼的外面。"

工程师和建筑师听了这话，相视片刻，不约而同站起来，激动地对清洁工说："你的想法简直太妙了，就按你说的办。"

于是，便有了近代建筑史上的伟大变革——把电梯装在楼外。

> 清洁工那一伟大的"发明"，在别人听来或许有些异想天开，是不切实际的，然而正是由于这种不拘一格的创新思维才推动了社会的进步和发展。

王安石的另类智慧

北宋庆历 7 年，江南地区阴雨绵绵，从 3 月一直下到 9 月，田里的庄稼颗粒无收，受灾面积达 127 个县。米价接连上涨，到了 10 月，米价就由原来的每石 400 文涨到了 1500 文，老百姓们苦不堪言。

江南各州府官员一面向朝廷请求援助，一面强力抑制米价，惩办奸商，一旦发现有人哄抬米价，轻则没收家产，发配充军；重则就地斩首。靠着这种雷霆般的手段，江南地区的米价终于稳定下来，维持在每石 500 文左右。

但是，在东南沿海，一个当时叫鄞县（现在的宁波）的小县里，却有一个很另类的县令，他不但不抑制米价，反而发出公文，以政府的名义硬性规定：鄞县境内米价每石 3000 文！

这位大胆的县令就是历史上鼎鼎大名的王安石。

一时间，鄞县境内民怨沸腾，一些普通百姓骂得最厉害。

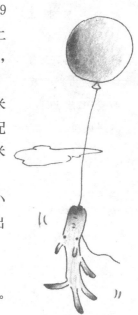

感悟
ganwu

故事中的王安石在面对灾荒时，敢于创新，不但使当地民众避免了受灾，还使自己名声大振，成为了北宋一代名臣。其实，一味地按部就班、墨守陈规，很可能会适得其反，而适当地推陈出新，反而会化险为夷，取得成功。

因为米价太贵，不少人家只好举家食粥。而米商们则欢呼雀跃，发了大财，他们纷纷知趣地给王安石送来金银。对此，王安石来者不拒，一一收下。偶尔有外地的商人忘了敬献金银，王安石就让师爷前去讨要。

时任杭州知府的吕向高，听说了这事，怒不可遏。只因碍着王家世代为官，实力强大，而王安石本人又是海内名士文人领袖，这才暂时没有追究。吕向高心想，等鄞县闹得不可收拾，再去发落王安石吧，这样也免得自己落下妒贤嫉能、不能容人的骂名。

可是，由于陕西一带连年大旱，朝廷已经赈济多年。如今国库空虚，对江南的雨灾，一时无力救助。到了第二年3月，江南市面上几乎已经无米可卖。黑市上，米价已达5000文一石，而且还常常有价无市。大量饥民开始涌现，不少人举家外迁。每天都有许多人因饥饿而死。昔日风景如画的江南，一时哀鸿遍野，凄凉一片。

而与此形成强烈对比的是，鄞县境内却米粮充足，人民生活安定。原来，全国各地的商人听说鄞县米价高昂，有利可图，纷纷把米贩到鄞县。鄞县的老百姓们，虽然一时间将多年的积蓄消耗殆尽，却几乎没有出现饥民，因为对于无力买粮的人家，王安石会发放银两救助。

后来，鄞县的米粮越积越多，渐渐供大于求。商人们已经把米运来，不好再运回去，只好就地降价销售。这样，米价竟然慢慢降回到了1500文一石。所以，同江南其他地方比起来，鄞县简直就是个世外桃源。

原来，江南不同于其他贫弱地区。这里历来富庶，不仅鱼米丰饶，而且商业十分发达。普通人家几十年下来，也小有积蓄。因此，乍遇荒年，人们需要的只是粮食，就算米价高昂，人们俭省一点，也能坚持一年半载。

这时，吕向高才发现，王安石真有一套，实在是高。于是，他马上嘉奖王安石，并通令江南各地提高粮价，每石3500文。

商人们一听，大受振奋，纷纷竭尽所能，马驮驴运，水陆并行，从全国各地源源不断地把米贩到江南来。最终，江南民众虽然家财散尽，却终于渡过了这一劫。

经此一事，王安石名声大振，从此平步青云，成为北宋一代名臣。

一场特殊的考试

一个公司要招聘一名高级财务主管，竞争异常激烈。招聘考试的现场，汇集了前来应聘的各路精英，大家都做好了充分的应考准备。

考试开始后，公司副总神采奕奕地走进考场。让所有应聘者意外的是，在每个应聘者面前都有一个苹果、一些指甲大小的商标和一把水果刀。副总要求应聘者在五分钟的时间内，对面前的苹果做出处理，而他们所做的处理，就是他们此次考试的答案。

当然，这些苹果不是发给应聘者吃的，这一点每个应聘者都能意识到，而且每个应聘者都注意到他们面前的苹果布满了腐烂的斑点。而副总只是说苹果代表公司的形象，至于如何处理，却没有做出要求。所以，应聘者只有靠自己的感悟和经验给出答案了。五分钟后，所有应聘者都上交了"考卷"，副总接过大家的"考卷"，去了另一个房间。

又过了五分钟，副总满面春风地走了出来。他首先向大家作了解释："在十分钟之内，完成招聘，速度之快，正体现了公司的办事效率。公司之所以没有考查精深的专业知识，是因为知识可以在今后的实践中，用漫长的一生来学习。谁更精深，我们不能在这一瞬间作出判断。我们注重的是员工面对复杂事物时的处理能力。我之所以没有告诉大家该如何去做，是因为任何新的事物出现在你们面前的时候，都不会有人告诉你们该如何应对。"

副总讲话的时候，所有应聘者都惴惴不安地等待着他宣布结果。而副总一边讲话，一边拿起第一批苹果。这些苹果看起来完好无损，其实还是有腐烂的斑点，只是那些斑点已经被新贴上的标签遮盖住了。副总看了看这些苹果，说道："任何公司都会存在或大或小的缺陷，这是在所难免的，就像我给你们的苹果上会有腐烂的斑点，因为只要是苹果，就可能出现斑点。你们用商标把它遮住，这种做法是对的。遮住了错误，的确可以维护形象，但是遮住错误并不等于改正错误，而一个小小的错误完全可能引发整体的失败……"结果可想而知，因为这批应聘者没有把改正公司的错误当成自己的责任，所以自然都被淘汰了。

接着，副总又拿起第二批苹果。这些苹果的斑点被应聘者用水果刀剜去了，而商标被很随便地贴在各处。副总看了之后，继续说："剜去腐烂处，这种做法是正确的！可是这样一剜，苹果的形象就被破坏了。而形象和信誉是公司发展的生命，如果形象被破坏了，公司就可能失去它的顾客和股民。这类应聘者可能认为改正了错误就万事大吉了，可是他们并没有考虑公司的形象和信誉。"所以，这批应聘者也被淘汰了。

最后，副总的手中只剩下一个苹果了，而这个苹果又红又圆，竟然完好无损！而且上面也没有任何商标。

副总扫视了一下所有的应聘者，笑眯眯地问："这是谁的'答案'？"

一个应聘者站起来说："是我的。"

"它是从哪来的？"副总问道。

这个应聘者不慌不忙地从口袋里掏出了一个布满腐烂的斑点的苹果、一些商标和一把水果刀，说："我刚才进来时，注意到公司门前有一个卖水果的摊子，所以当大家都在专心致志地修理手上的烂苹果时，我出去买了一个新苹果。而且我提前计算了一下时间，五分钟足够我用的了。"

最后，副总对这个应聘者说："您被我们录用了！"

第 5 章
想象是现实与浪漫的结合

　　鸟儿有了翅膀，可以尽情在天空中飞翔，人类有了想象，可以比鸟儿"飞"得更加高远。在想象的天空中，我们可以打开新思路的闸门自由翱翔，由一人一事想到多人多事，由花草树木想到飞禽走兽，由一个思路跳到另一个思路，从一种意境跳到另一种意境，使狭小单薄的扩大充盈；使互不相连的聚合连接……奇思妙想本身就是一首美丽的诗。

你也能写一本书

教育系本科班的学生要毕业了。

离校前夕，教授给同学们讲了这样一个故事。

国外有一家出版公司要出一本超级畅销书。于是他们请来策划专家出谋划策，专家出了这样一个主意：出一本书就叫《你也能写一本书》。这本书除了封面扉页之外，里面既不印字，也不印图，全是白纸。凡是购书者只要把自己想写的故事写在上面，然后寄回公司，公司将会派专人认真审阅，并从中选出几部最佳作品出版。

此举一出，举国轰动。几十万册"书"很快销售一空，为公司赢得了丰厚的利润。而且不久公司就收到了大量的回馈，许多人把自己写的"书"邮寄了回来，经过阅读，发现几本写得还不错的，就拿到印刷厂印刷了，从而又创造了另一项赢利。

记者采访专家为什么会有这样出奇制胜的创意，专家微笑着说："只有不把书当书卖才能卖得比书更好。"

"那你把这本书当什么卖呢？"

"我把它当本子卖。"

讲完故事，教授征求大家的意见，绝大多数同学都赞叹专家超凡脱俗的想象力。

只有一个大学生的理解与众不同："其实这是一则关于教育的寓言：教师只有放下僵化的书本，变成一个能够让学生充分发挥想象力的本子，才能担负起教书育人的神圣使命！"

这一课，从此成为同学们大学时代最难忘的一堂课。

感悟 gǎnwù

想象力无处不在，然而随着年龄的增长，我们想象的能力会减弱，我们要给思维一个想象的空间，保持常新的想象力，让它贯穿我们的一生。

让想象的翅膀永远飞翔

20世纪90年代的英国，有一个23岁的女孩子，除了有着丰富的想象力之外，与别人相比没有什么不同，平常的父母，平常的相貌，上的也是平常的大学。

大学的宽松环境让她有了更多的时间去想象，她的脑海中常会出现童话中的情景：穿着白衣裙的美丽姑娘、蔚蓝的天空、绿绿的草地，当然，还有巫婆和魔鬼……他们之间有着许多离奇的故事，她常常动手把这些想法写下来，并且乐此不疲。

在大学里，她爱上了一个男孩，他的举止和言谈真的和童话里一样，他是她想象中的"白马王子"，她很爱他。他们之间有一场浪漫而充满温情的爱情。但是，他却受不了她的脑海中那些荒唐的不切实际的想法。她有许多意想不到的怪主意，例如去听树叶的歌唱，去看蝴蝶的晚会等等。她会在约会的时候，突然给他讲述一个刚刚想到的童话，他烦透了这样的远离人间烟火的故事。他对她说："你已经23岁了，但你看来永远都长不大。我没有足够的时间等你长成大人那一天。"他弃她而去。

失恋的打击并没有停止她的梦想和写作。她将自己的满腔热情全部投入到了想象和写作之中。25岁那年，她带着一些淡淡的忧伤和改变生活环境的想法，来到她向往的具有浪漫色彩的葡萄牙。在那里，她很快找到了一份英语教师的工作，业余时间继续写她的童话。

一位青年记者很快走进了她的生活，青年记者幽默、风趣而且才华横溢。她爱上了他，并且很快步入了婚姻的殿堂。

但她的奇思异想还是让他苦不堪言，他开始和其他姑娘来往。不久，他们的婚姻走到了尽头，他留给她一个女儿。

感悟 ganwu

每个人都有想象力，但想象力最终总被岁月无情地夺去，只留下苍白而又简单的色彩。写一篇优秀的作文尚且不容易，何况是一部畅销的作品呢？没有天马行空的想象，作品终会如平静的湖水，不会撞击出美丽的浪花。

她经受了生命中最沉重的一击。祸不单行的是离婚不久，她又被学校解聘了，无法在葡萄牙立足的她只得回到了自己的故乡，靠领取社会救济金和亲友的资助生活。

但她还是没有停止她的写作，现在她的要求很低，只是把这些童话故事讲给女儿听。

有一次，她在英格兰乘地铁，她坐在冰冷的椅子上等晚点的地铁到来，一个人物造型突然涌上心头。回到家，她铺开稿纸，多年的生活阅历让她的灵感和创作热情一发不可收。

她的长篇童话《哈利·波特》问世了，并不看好这本书的出版商出版了这本书，没想到，这本书一上市就畅销全国，销量达到了数百万之巨，所有人都为此感到吃惊。

她叫乔安娜·罗琳，她被评为"英国在职妇女收入榜"之首，现在是个有着亿万身价的富婆，被美国著名的《福布斯》杂志列入"100名全球最有权力名人"，名列第25位。

"叩诊法"的由来

三百多年前，奥斯·布鲁格医生接诊了一位病人，病人自称胸口不舒服，喘气有些费力。当时还没有小巧的听诊器和X光透视技术，所以奥斯·布鲁格无法判断病人的问题出在哪里，也无法对症下药，最后病人不幸身亡。后来，经过尸体解剖，医生才知道死者的胸腔已经发炎化脓，而且胸腔内积了不少水。这让奥斯·布鲁格非常自责，他下定决心，一定要研究出判断胸腔积水的方法。

恰巧，奥斯·布鲁格的父亲是个精明的卖酒商，他不仅能识别酒的好坏，而且不用开桶，只要用手指敲敲酒桶，就能估量出桶里面酒的多少。

奥斯·布鲁格由父亲用手敲酒桶的这个举动想到：人的胸腔不是和酒桶有相似之处吗？父亲既然能通过敲酒桶发出的声

感悟 ganwu

奥斯·布鲁格医生之所以能由父亲敲击酒桶的简单举动而想到利用敲击声诊断病人胸腔是否有病，进而发明"叩诊法"，是因为他善于想象和联想，懂得由此及彼。我们也应该学会展开想象的翅膀，在辽阔的天空中自由翔翔。

响判断出酒桶里有多少酒，那么，如果人的胸腔内积了水，敲起来的声音也一定和正常人不一样。

此后，奥斯·布鲁格再给病人检查胸部时，就用手敲敲听听。后来，他通过对许多病人和正常人的胸部的敲击比较，终于能从几个部位的敲击声中，诊断出病人胸腔是否有病了。这种诊断方法就是现在医学上所谓的"叩诊法"。

心中的高尔夫

詹姆斯·纳斯美瑟少校有 7 年是在越南的战俘营度过的。然而他总是梦想着在高尔夫球技上突飞猛进，于是他发明了一种独特的方式以达到目标。在此之前，他打得和一般在周末才练的人差不多，水平在中下游之间，90 杆左右。而他在这 7 年时间几乎没碰过球杆，没踏上果岭。

无疑地，这 7 年间纳斯美瑟少校一定用了令人惊叹的先进技术来增进他的球技——这个技术人人都可以效法。事实上，在他复出第一次踏上高尔夫球场，他就打出了叫人惊讶的 74 杆！比自己以前打的平均杆数还低 20 杆，而他已 7 年未上场！真是令人难以置信。不只如此，他的身体状况也比 7 年前好。

纳斯美瑟少校的秘密何在？就在于"心像"。

你知道，少校这 7 年是在越南的战俘营度过的。7 年间，他被关在一个只有 4 尺高、5 尺长的笼子里。绝大部分的时间他都被囚禁着，看不到任何人，没有人说话，也没有任何体能活动。前几个月他什么也没做，只祈求着赶快脱身。后来他了解他必须发现某种方式，使之占据心灵，不然他会发疯或死掉，于是他学习建立"心像"。

在他的心中，他选择了他最喜欢的高尔夫球，并开始打起高尔夫球。每天，他在梦想中的高尔夫乡村俱乐部打 18 洞。他体验了一切，包括细节。他看见自己穿了高尔夫球装，闻到

感悟
ganwu

在心中设想一种场景，拼搏其中，让自己全身心地投入进去。"心像"是想象的一种，它让我们坚定信念，也促使我们走向成功。

绿树的芬芳和草的香气。他体验了不同的天气状况——有风的春天、昏暗的冬天和阳光普照的夏日早晨。在他的想象中，球台、草、树、啼叫的鸟、跳来跳去的松鼠、球场的地形都历历在目了。

他感觉自己的手握着球杆，练习各种推杆与挥杆的技巧。他看到球落在修整过的草坪上，跳了几下，滚到他所选择的特定点上，一切都在他心中发生。

在真正的世界，他无处可去。所以在他心中他步步向着小白球走，好像他的身体真的在打高尔夫球一样。在他心中打完18洞的时间和现实中一样。一个细节也不能省略。他一次也没有错过挥杆左曲球、右曲球和推杆的机会。

一周7天。一天4个小时。18个洞。7年。少了20杆。他打出74杆的成绩。

对未来作出的大胆想象

很多年之前，世界的航空水平还处于螺旋桨式的小型飞机的时代。飞机无法作长时间的飞行，运载能力很低，而且故障率较高。

美国环球航空公司为了拓宽视野，展望航空业的未来，组织了一次较大规模的航空知识有奖竞赛，要求每一位参赛者对航空业的未来作出大胆的想象。在专家组对所有的参赛者的答卷进行评选后颁奖，其间当然也有人得到了颁奖。

40多年之后，环球航空公司在整理档案时又一次翻阅了当年的那些答卷，一共是13 000余份。他们饶有兴趣地看了那些形形色色的"大胆想象"，但遗憾的是，那些众多的答卷实在是太保守了，根本就谈不上大胆两个字。

当他们看到一位名叫海伦的参赛者的答卷时，几乎都被惊呆了，她所有大胆的想象全都变成了现实。也就是说，在

13 000余份答卷中，只有海伦这一份才真正称得上是最完满、最正确、最具远见、最激动人心的答卷。答卷主要内容是：

到1985年，喷气式飞机的载客量可达到300人，最高时速可达到700千米，航程可以达到5 000千米。有的飞机可以自由降落，甚至可以在楼房的平台上紧急降落。到那个时候，美国人可以乘坐飞机到达夏威夷、澳大利亚、罗马，甚至埃及的金字塔……此外，海伦还对机场的地面设施、导航设施都作了大胆的想象。

如此大胆的想象，在当时无异于天方夜谭，当然不可能被各界看好，包括专家组。

海伦的答卷"理所当然"地被淘汰、被放弃了，没有人会赞成这份近乎于"痴人说梦"的答卷获奖。

后来，环球航空公司通过多方努力，终于找到了海伦。她已是满头银发80多岁高龄的老人了。通过进一步的了解得知，当时海伦是个航空爱好者，在报上看到了航空知识有奖竞赛的这则启事后，便认真地填写了自己上面的那些大胆想象。

环球航空公司研究后作出了一个非同凡响的决定：拿出5万美元，给海伦颁发迟到40多年的奖励，以鼓励人们大胆的想象。

· 我的理想在天空上 ·

一个雨后初晴的晚上，天空是一片澄澈的蓝色，见证了历史沧桑的星星在天上悠闲地聊天，空气里满是树木和花的清香。年轻的哥白尼扶着他身体虚弱的老师外出散步。走着走着，哥白尼抬头望了望天空，长长地叹了一口气说："唉，老师，您说人们对于天上的秘密为什么至今还摸不着底呢？"

"瞧你，孩子，一开口就谈起天空……"教授一本正经地说，"我们是出来散步的，不许你拿学问上的事情来问我，免

感悟 ganwu

幻想是想象的特殊形式，是十分可贵的。正如郭沫若所说："科学需要创造，需要幻想，有幻想才能打破传统的束缚，才能发展科学。"哥白尼幻想制造一艘飞船遨游太空，探索宇宙的奥秘，正是在这一幻想的指引下，哥白尼通过努力最终创立了日心说，成为近代天文学的奠基人。

得我不得安宁。"

"是的，老师。"哥白尼恭恭敬敬地说，"请您小心，前面有烂泥。"

"唉，"教授叹气说，"这鬼地方真没有办法，一下雨就成了泥塘，走道也好像漂洋过海一样。"

"您是说漂洋过海吗，老师？"哥白尼兴致勃勃地说，"我有位朋友来信说，意大利航海家哥伦布正在漂洋过海，一心要探寻出地球到底是什么形状的。我倒是希望有朝一日能造出一种飞船，乘着它穿过云海，飞越星空，去探寻宇宙的奥秘。"

"那又怎么样呢，哥白尼？"教授打断了哥白尼的话。

"那我就要做这艘飞船的第一个船长！"哥白尼喜滋滋地回答说。

"到时候可别忘了把我这老头也带上啊！"教授爽朗地笑了。

这时候，哥白尼停下脚步，又抬头仰望茫茫无际的夜空，心情激动，滔滔不绝地说："老师，您可知道，天上那些闪着银光的星星，像一些迷眼的沙尘一样，老是使我又向往又苦恼。我真恨不能飞上九重天，去好好看个明白。不过，我的飞翔不是靠翅膀，我的航行不是靠风帆。我有两件您教给我的法宝：一件是数学，一件是观测。"

"好啊，有理想的年轻人！"教授慈爱地抚摸着哥白尼蓬松的头发夸奖说。

"是的，我的理想在高高的天空上，我会让我的想象变成现实！"哥白尼满怀信心地说。

后来他经过观察和研究，创立了更为科学的宇宙结构体系——日心说，从此动摇了在西方统治达一千多年的地心说。

爱幻想的发明家

爱迪生出生的地方，是美国中西部的俄亥俄州的米兰镇。爱迪生在米兰的逸事传说很多，有人说他是一个与众不同的孩子。首先，小家伙出世以后几乎从来不哭，总是笑。灰色的眼睛，亮晶晶的，看起来很聪明，不过头显得特别大，身体很孱弱，看上去弱不禁风。他常对一些物体感兴趣，然后试图用手去抓。他的嘴和眼睛活动起来，就像成年人考虑问题时一样。他从来不停止他已决定做的事情。

爱迪生最大的与众不同，就是在小时候有着非同凡响的想象力，喜欢问东问西，并且有一种将别人告诉他的事情付诸实验的本能，以及两倍于他人的精力和创造精神。他学说话好像就是为了问问题似的。他提出的一些问题虽然不重要，但不容易回答。由于他问的问题太多，他家的大多数成员甚至都不想回答。一次他问父亲："为什么刮风？"父亲回答："爱迪生，我不知道。"爱迪生又问："你为什么不知道？"他不但爱问，而且什么事都想亲自试一试。

由于爱迪生对许多事情感兴趣，他经常碰到危险。一次，他到储麦子的房子里，不小心一头栽到麦囤里，麦子埋住了脑袋，动也不能动了，他差一点死去，幸亏有人及时发现，抓住爱迪生的脚把他拉了出来。还有一次，他掉进水里，结果像落汤鸡一样被人拉了上来，他自己也受惊不小。他4岁那年，想看看篱笆上野蜂窝里有什么奥秘，就用一根树枝去捅，结果脸被野蜂蜇得红肿，眼睛几乎都睁不开了。

爱迪生经常到叔叔家去玩。一天，他到叔叔家里，看见叔叔正在用一个气球做一种飞行装置实验，这个实验使爱迪生入了迷。他想，要是人的肚子里充满了气，一定会升上天，那该多美啊！几天以后，他把几种化学制剂放在

感悟
gɑnwu

想象力比知识更重要。因为知识是有限的，而想象力是无限的。对未知世界充满好奇，多追根求源是我们保持想象力、求知欲的金钥匙。

129

一起，叫他父亲的一个佣工迈克尔奥茨吃化学制剂来飞行，佣工吃了爱迪生配制的化学制剂几乎昏厥过去。由于做这些事情，爱迪生遭到父亲的鞭打。爱迪生的父亲认为，只有鞭打他，他才不会再惹麻烦。

虽然爱迪生受了鞭打，但不能阻止他对一些事情发生兴趣。他6岁就下地劳动，爱观察、爱想问题、爱追根求源是他向新奇的大千世界求知的钥匙。村子中间的十字路口长着大榆树、红枫树，他就去观察那些树是怎么生长的；沿街店铺有好多漂亮的招牌，他也要去把它们认真地抄写下来，甚至画下来。强烈的求知欲和想象力是使爱迪生成为伟大的发明家的原因之一。

啤酒泡引出的灵感

感悟
ganwu

想象不是凭空产生的，想象所需要的材料都来自生活，来自人的观察发现。

1960年，年仅34岁的美国物理学家格拉塞尔，因发明气泡室——一种探测高能粒子运动的仪器，而荣获了诺贝尔物理学奖。

你大概不会相信吧，格拉塞尔获奖研究的灵感，竟然来自于关于啤酒泡的想象！

那是1952年的一天，格拉塞尔正在一家酒店喝啤酒。他把啤酒倒进玻璃杯后，目不转睛地盯着杯子里的啤酒泡。

看着这一情景，旁边的人小声地议论开了："瞧，这小伙子倒了酒以后不喝，傻呵呵地看起酒泡来了。"

"是啊，啤酒泡谁没见过，有什么好看的。"

格拉塞尔似乎没有听见别人说什么，只是自言自语地说："这啤酒泡多有意思啊，不管泡是从哪里冒出来的，它们总是很有秩序地上升，而不是乱七八糟地瞎跑……"

"哎，这有什么稀奇的!"一位朋友不以为然地插了一句，"所有的啤酒都这样冒泡，冒一会儿，里面的气体就冒完了。"

"气体是冒完了吗?"格拉塞尔嘀咕了一句。

"这不,"那位朋友举起酒杯说,"透过光线一看,就知道里面没气泡了。"

"不,冒过气泡的啤酒里面可能还会有气体。"格拉塞尔说完,顺手拿起几粒碎小鸡骨头,等到酒杯中的气泡冒完后,将其丢入杯中啤酒里,随着碎骨的沉落,周围不断冒出气泡,气泡显示了碎骨下降过程的轨迹。放入鸡骨的啤酒气泡这件事,给了格拉塞尔极大的启发,他急忙回到实验室,经过实验发明了核物理研究的基本工具之一——气泡室。

· 再造想象法 ·

福楼拜是 19 世纪法国批判现实主义作家,他对腐朽没落的资本主义非常不满,于 1856 年创作了长篇小说《包法利夫人》。在写作过程中,他总是废寝忘食,深深地投入到作品中去,与里面的人物一起悲伤,一起快乐。

有一次,福楼拜的一个朋友看望他,走到门口就听到屋里有人在痛哭,听声音,是福楼拜。出什么事了?朋友很担心,就拼命地敲门,可是门就是不开,于是就推门进去了。

走进房间,看到福楼拜正坐在地板上痛哭,朋友感到很奇怪,就走上前扶起福楼拜,问道:"什么事哭得这么伤心?"

福楼拜痛心地说:"包法利夫人死了!"

"哪个包法利夫人?我怎么没听说过?"朋友惊奇地问。

福楼拜指了指桌上的一大卷稿子,稿子的首页写着《包法利夫人》。原来,福楼拜哭的是自己作品中的主人公。

感 悟
ganwu

文学家有丰富的想象力,因为他们常把自己融入故事,想象自己也是其中的一个人物。阅读文学作品时,可充分锻炼我们的形象思维,运用想象力将文字还原成图画。

·愿望想象法·

斯坦麦茨一生下来就左腿不能伸直,背部隆起。一岁的时候,母亲又去世了。斯坦麦茨失去了母爱。但是,斯坦麦茨的奶奶对他很好,她总是给斯坦麦茨讲故事,和他聊天,许多事都尊重他的意见,所以斯坦麦茨一点也不觉得孤单。

有一次,奶奶不在家,斯坦麦茨用积木搭起一座宫殿,他想让自己的宫殿金碧辉煌,亮堂堂的,于是,他点了一支小蜡烛放在搭好的宫殿里面。刚开始宫殿确实明亮了起来,斯坦麦茨非常高兴,但是,不一会儿,宫殿着火了。斯坦麦茨吓坏了,他不知道该怎么办。这时候奶奶回来了,奶奶没有骂斯坦麦茨,她用水浇灭了火,并给他讲了为什么会着火。这时候,斯坦麦茨的心里有了这样一个愿望,那就是一定要发明一种光亮,既可以照亮宫殿又不会把它烧成灰烬。

这个愿望一直激励着斯坦麦茨。后来,斯坦麦茨成为了一个机电工程师,专门研究电能的工作。他以卓越的数学才能科学地阐述了电流滞后定律,形成了系统的电学理论。根据他的理论,人们建造了发电厂,斯坦麦茨童年的愿望也实现了。

假如……

魏格纳是德国气象学家、地球物理学家,1880 年 11 月 1 日生于柏林,1930 年 11 月在格陵兰考察冰原时遇难。

1910 年的一天,年轻的阿尔弗雷德·魏格纳在偶然翻阅世界地图时,发现一个奇特现象:

大西洋的两岸——欧洲和非洲的西海岸遥对北、南美洲的东海岸，轮廓非常相似，这边大陆的凸出部分正好能和另一边大陆凹进部分拼合起来；如果从地图上把这两块大陆剪下来，再拼在一起，就能拼凑成一个大致上吻合的整体。把南美洲跟非洲的轮廓比较一下，更可以清楚地看出这一点：远远深入大西洋南部的巴西的凸出部分，正好可以嵌入非洲西海岸几内亚湾的凹进部分。

这难道是偶然的巧合？这位青年学者的脑海里突然掠过这样一个念头：非洲大陆与南美洲大陆是不是曾经贴合在一起，也就是说，从前它们之间没有大西洋，到后来才破裂、漂移而分开的？

魏格纳结合他的考察经历，提出了一个大胆的假设：

在距今 3 亿年前，地球上所有的大陆和岛屿都联结在一块，构成一个庞大的原始大陆，叫做泛大陆。泛大陆被一个更加辽阔的原始大洋所包围。后来从大约距今两亿年时，泛大陆先后在多处出现裂缝。每一裂缝的两侧，向相反的方向移动。裂缝扩大，海水侵入，就产生了新的海洋。相反的，原始大洋则逐渐缩小。分裂开的陆块各自漂移到现在的位置，形成了今天人们熟悉的陆地分布状态。

1906 年，魏格纳和弟弟两人驾驶高空气球在空中连续飞行了 52 小时，打破了当时的世界纪录。后来他又参加了去格陵兰岛的探险队，岛上巨大冰山的缓慢运动留给他极其深刻的印象，可能是这种印象催化了后来他面对世界地图迸发的联想和兴趣。他开始利用业余时间搜集地学资料，查找海陆漂移的证据。

1930 年 11 月 2 日，魏格纳在第 4 次考察格陵兰时遭到暴风雪的袭击，倒在茫茫雪原上，那是他 50 岁生日的第二天。直到次年 4 月，搜索队才找到他的遗体。

在魏格纳去世 30 年后，板块构造学说席卷全球，人们终于承认了大陆漂移学说的正确性。

感悟 ganwu

科学离不开假设，人类的许多发明创造都来源于假设，假设可以提高我们的想象力。假设的范围越广越好，可以使我们的想象更加大胆。

感悟
ganwu

毕加索说："每个孩子都是艺术家，问题在于你长大成人之后是否能够继续保持艺术家的灵性。"这就需要我们保持丰富的想象力。

买白鼠的账单

一个建筑公司的经理忽然收到一份购买两只小白鼠的账单，不由好生奇怪。原来这两只老鼠是他的一个部下买的。他把那部下叫来，问："你为什么要买两只小白鼠？"

部下答道："上星期我们公司去修的那所房子，要安装新电线。我们要把电线穿过一个 10 米长，但直径只有 2.5 厘米的管道，管道是砌在砖石里，并且弯了 4 个弯。我们当中谁也想不出怎么让电线穿过去，即使想到几个也被否决了。最后我想了一个好主意。我到一个商店买来两只小鼠，一公一母，然后我把一根线绑在公鼠身上并把它放在管子的一端。另一名工作人员则把那只母鼠放到管子的另一端，逗它吱吱叫。公鼠听到母鼠的叫声，便沿着管子跑去救它。公鼠沿着管子跑，身后的那根线也被拖着跑。公鼠身上绑着的线连着电线，公鼠拉着线和电线跑过了整个管道。所以我认为它们是当之无愧的功臣，也许今后对我们的工作会有帮助的。"

阿基米德与王冠

"力学之父"阿基米德是个非常有智慧的人，不但学识渊博，生活中似乎也没有什么问题能难倒他。话说那年阿基米德在亚里山大大学学习了一段时间后，顿生思乡之情，便回到了自己的祖国——西西里岛的叙拉古。叙拉古国王艾希罗和阿基米德是亲戚，见他在外留学多年，也不问学识深浅，一见面就给他出了个难题。他握着阿基米德的手说："我需要你帮我解决一个大问题，你是知道的，我国一年一度的盛大祭神节就要

来临了，前一段时间，我交给金匠一块纯金，命令他制出一顶非常精巧、华丽的王冠。这在节日那天是很重要的。可是王冠制成后，我拿在手里掂了掂，觉得有点轻。我叫来金匠问是否掺了假，金匠以脑袋担保，并当面拿秤来称，与原来金块的重量一两不差。可是，掺上别的东西也是可以凑足重量的。我既不能肯定有假，又不相信金匠的诺言，于是只有恳求你，我亲爱的朋友，帮我解此难题。"

阿基米德安慰国王说："我会尽我最大的努力来帮您解开这个谜团的。"

国王亲自把阿基米德安排在皇宫里居住，还给他安排了几个仆人，并让人不要打扰他。

一连几天，阿基米德闭门谢客，反复琢磨，因为实心的金块与镂空的王冠外形不同，不砸碎王冠铸成金块，便无法求算其体积，也就无法验证是否掺了假。他绞尽脑汁也百思不得其解。这天午后，天气闷热，阿基米德不由自主地走到浴室，想冲个澡，清醒一下。

可是他哪里放得下王冠的事，迷迷糊糊，还没脱完衣服，便一头栽进水里，谁知这一栽倒使他的思路从那些图形的死胡同里解脱出来，他注视着池沿。原来池水很满，他身子往里一泡，那水就沿着池沿往外溢，地上的鞋子也淹在水里。他急忙探身去取。而他一起身水又立即缩回池里，这一下他连鞋也不取了，又再泡到水里，就这样一出一人，水一涨一落。忽然阿基米德面露喜色，一下子从浴池跳了出来向外跑，高喊着："优勒加（意即发现了）！优勒加！"

原来，阿基米德由澡盆溢水联想到王冠也可以泡在水里，溢出的体积是王冠的体积，而这体积与同等重量的金块的体积应该是相同的，否则王冠里肯定有假。就是说，同等质量的东西泡进水里而溢出的水不一样，肯定它们就是不同的物质。每一种物质和相同体积的水都有一个固定的质量比，这就是比

一些奇思妙想，不单单来自实验室，像阿基米德那样做个生活的有心人，学会从生活中发现那些可能表面看起来很平常，实际上却可能很惊人的事理，我们的学习能力会得到进一步的提高。

重。阿基米德跑到王宫后立即找来一盆水，又找来同样重量的一块黄金，一块白银，分两次泡进盆里。白银溢出的水比黄金溢出的水几乎要多一倍。把王冠和金块分别泡进水盆里，王冠溢出的水比金块多。这时金匠不得不低头承认，王冠里是掺了白银。这件事使国王对阿基米德的学问佩服至极，他立即发出布告："以后不论阿基米德说什么话，大家都要相信。"

后来，阿基米德根据这个发现进一步推导，最终得出了著名的阿基米德定律。

·相 信 自 己·

美国作家查尔斯到了 55 岁时还从没写过小说，也不打算这样做，他只是喜欢把平时想象到的一些东西随手写在纸片上。

一次，查尔斯向一个国际财团申请电视网执照时，当时，一个在管理部门的朋友打电话来，对他说："你的申请可能被拒绝。"查尔斯从来没有想到会有这样的结果，现在他突然面临着这样一个问题："我今后该怎么办？"

查尔斯偶然看到了一段自己写下的备忘录，那是十几句字体潦草的句子，写下了他在很久以前构思的一部电影的基本情节。由于没有时间和当作家的想法，他只写了一个梗概就停手了。但是，他认为，那是一个相当好的创意。他在办公室里静静地坐了一会儿，思索着是否该把这项工作继续下去，最后他拿起话筒，给他的朋友、小说家阿瑟·黑利挂了个电话。

"阿瑟，"查尔斯说，"我有一个自认为不寻常的想法，我准备把它写成电影。我怎样才能把它交到某个经纪人或制片商或任何能使它拍成电影的人手里？"

"查尔斯，那条路子成功的机会几乎等于零。即使你找到某人采用你的想法并把它变为现实，我猜想你的这个故事梗概

感悟
ganwu

任何人只要下大决心、坚持不懈、按部就班地刻苦工作就能获得一切吗？当然不一定。但是，假如我们有想象自己成功的愿望和能力，并付诸实践，就有希望获得梦想中的成功。

所得的报酬也不会很大。你确定那真是个不同寻常的想法吗？"

"是的。"

"那么，如果你确信，我提醒你，你一定要确信，为它押上一年时间的赌注。把它写成小说，如果你能做到这一点，你会从小说中得到收入，如果很成功，你就能把它卖给制片商，得到更多的钱，这是故事梗概远远不能得到的。"

查尔斯放下话筒，漫步走了好长一段路："我有写小说的天赋和耐心吗？如果写成小说，真的会畅销吗？我为它花上一年时间会得到回报吗？"当他这样沉思时，他越来越有信心了。他仿佛看见自己进行调查、安排情节、描写人物、开始撰写、然后润色……他要为它赌上一年时间。

一年零三个月后，小说完成了，它在加拿大的麦克莱兰和斯图尔特公司得到出版，在美国的西蒙公司、舒斯特和艾玛袖珍图书公司得到出版，在大不列颠、意大利、荷兰、日本和阿根廷得到出版。它受到了读者的欢迎和喜爱。结果，它被拍成电影——《绑架总统》，由威廉·沙特纳、哈尔·霍尔布鲁克、阿瓦·加德纳和凡·约翰逊主演。

此后，查尔斯又写了五部小说。

第6章
架起表达的桥梁

表达，是自然与精神交汇而成的一束璀璨的花朵；表达，是内心深处跃动着的灵魂拔节的声音。

树木参天，鲜花缤纷。参天与缤纷便是树木与鲜花的一种语言，便是它们对大地最深情的表达。

皓月当空，繁星闪烁。当空与闪烁便是皓月与繁星的一种心声，便是它们对黑夜最由衷的表达。

苍鹰搏击长空，彩蝶翩跹花丛。搏击与翩跹便是鹰与蝶的一种思想，便是它们对长空与花丛最深切的表达。

…………

其实每个物种都有它们思想感情的表达方式，狂风表达它的呼啸，海浪表达它的咆哮，小溪表达它的潺潺，鲜花表达它的芬芳。人类的表达是语言，是文字，是行动，是人与人之间交流的开始，是我们立足于社会的需要。

·害 羞 的 我·

感悟
gɑnwu

本来只是一句话的事，故事中的主人公却把它想象得非常艰难，不敢向老师开口。经常在人多的场合，尤其是生人多的场合里说话，多锻炼一下自己的胆量，这样再说话的时候就不会感到害羞了。没有什么难开口的，说话很简单，学会表达也很简单。

从我懂事起，我就知道自己很内向、害羞，平时只和爸爸、妈妈说几句，一见到生人就不敢开口了。家里如果来了客人，那么我一定是躲在自己的房间里，客人不走不出来。上学以后，别说是见了老师不敢说话，就是在一般的同学面前，我也是小心翼翼。我没有朋友，平时总是一个人，下课时不喜欢出去做游戏，上课时呢，明明是会回答的问题，却不敢举手回答。看着别人声音洪亮地回答问题、说笑，我也想改变现状。后来发生了一件事，终于让我彻底发生了改变。

我每天上学、放学都坐公交车，可那天到了学校后我发现忘了带回家的车钱了。我该怎么回家？难道非要让我开口向别人借钱吗？更麻烦的是，周围的几个熟悉点的同学一般都不坐车，也不会带钱，要借就只能找老师。天哪，找老师借钱？一想到这里我浑身就起了一层鸡皮疙瘩，让我怎么开得了口啊！

快下课时，万般无奈的我只好想了个办法，悄悄对同桌说："晶晶，你能帮我去向老师借一块钱吗？我今天忘了带车钱。"同桌听完大笑："这么神秘，我还以为有什么事呢，原来是你不敢向老师借钱啊！"她这一嚷，好多同学都听见了，眼睛齐刷刷地望向我这边。我满脸通红，恨不能钻到地底下。同桌看见了我的窘态，不再笑了，小声对我说："我知道你最怕说话，可是你也不能总这样啊，你不想改变一下自己吗？""想是想，可……该怎么改变呀？""这样，从现在就开始锻炼，这次你自己去向老师借钱，怎么样？"我点点头。

她陪我走到办公室，我一个人敲门进去了。王老师正坐在办公桌前，不知怎么搞的，我一看见他就想逃走。王老师先开

口了："小玉，有什么事吗?"我只好低下头，小声地说："我今天忘了带坐车的钱了……您能借我一块钱吗?"王老师走过来，递给我一块钱，拍拍我的肩膀，说："大声点，不用怕。"原来就这么简单呀，一句就行了! 我一下子豁然开朗了。

从那以后，我经常有意无意地去和同学说话，即使人多的时候我也敢插嘴了。老师和同学都说我变了，再也不像以前那样害羞了。

德摩斯迪尼的故事

德摩斯迪尼是古希腊杰出的思想家和演讲家。尽管他拥有天才般的智慧，可是把他推上演讲圣坛的，依然是勤学苦练。同绝大多数著名的演讲家一样，德摩斯迪尼的演讲生涯也是以失败开始的。

公元前 355 年，在一次群众集会上，德摩斯迪尼首次登台演讲。遗憾的是，别人根本听不清他说的什么话。他声音沙哑、体质瘦弱、动作笨拙，他的演讲换来的只是一阵又一阵的嘲笑。面对极其尴尬的场面，内心十分坚强的德摩斯迪尼巍然挺立在讲坛上，一直坚持到把话讲完。虽然他的精神可嘉，但演讲依然以失败告终。

德摩斯迪尼去请教当时很有名气的演讲家史德加。史德加先请他朗诵几首诗，然后自己给他作示范。德摩斯迪尼惊奇地发现，史德加的声音明亮悦耳，举止潇洒大方，感情自然充沛，表情和手势极富表现力。史德加魅力十足的演示令德摩斯迪尼佩服得五体投地，同时他也看清了自己与史德加的差距，决心以艰苦的训练达到和超越史德加的境界。

他躲进地下室，避开一切社交活动和吵闹嘈杂的声音，每天练习发音、表情和动作。由于他体质瘦弱，他就把两

感悟
gǎnwù

德摩斯迪尼本来有很多缺点，是不具备演讲才能的，比如声音沙哑、动作笨拙，但是他没有放弃，而是勤学苦练，从发音、表情和动作一步步练起，以比自己优秀得多的人为榜样，终于成为了演讲大师。其实我们每个人也都不一定具备天生的口才，然而，后天的勤学苦练可弥补先天的不足。

把宝剑挂在两肩上，以使体态端正平稳。他气息短促，就苦练深呼吸，使气息舒长有力。嗓音沙哑发音不清，他就在嘴里含着光滑的石子，让口腔打开，产生有效的共鸣。当他再次面对史德加表演时，他那清楚准确的发音和自然大方的神情令史德加称赞不已。同时，史德加又给他提出更高的要求："演讲家如同角斗士一样，必须有爆发力。当你的激情犹如山洪陡涨的时候，你的声音就是狂奔的浪涛，有一种摧毁一切的力量……"

德摩斯迪尼又一次顿悟，他从地下室冲向大自然。他面对呼啸的山林讲诵，面对咆哮的大海讲诵，迎着狂风讲诵，一边攀登陡峭的山路一边讲诵。终于，他内心的激情完全可以凭借声音的翅膀自由飞翔了。德摩斯迪尼，终于成了当时最富有智慧、最富有雄辩力的演讲家。他的演讲，成为古希腊演讲史上的高峰。

碰到内行人了

感悟 ganwu

高明的说服之法在于用我们自己说服自己：有时是用"自尊"与"虚荣"使我们动心；甚至利用我们的身份、地位，说服别人。

赵先生是一家跨国公司的主管，平时主要负责接待高级客户。最近，公司来了一批外国客户，理所当然地要赵先生作陪。

吃过晚饭，赵先生带着客户约翰森逛夜市。他自己是从来不到这种地方的，觉得又吵又乱，而且卖的都不是什么高级货。

可是外国客户却坚持要来夜市，说："上次来这里，印象最深刻的就是夜市。夜市上有很多中国古老的东西，我很喜欢。"

为了生意，赵先生只好陪着来了。瞧！左一个地摊，右一个地摊，旁边还在炸臭豆腐，真奇怪，这老外居然不嫌吵、不嫌乱，好像觉得样样都新鲜，什么都想尝尝，什么都想看看……

"看！这边来了一位外国朋友！"

突然，听见不远处有人大喊，接着，一群人朝赵先生这边看过来，还让出一条人缝，后面正有个黑脸的大汉，朝着赵先生招手呢！赵先生有点茫然，他不认识那个大汉呀！

"来！来！来！远客请进。"

赵先生正想扭头走，约翰森居然愣头愣脑地过去了，他只好紧紧跟着。

黑脸的汉子眼睛一亮，朝赵先生上下一打量：

"瞧！还有位学者跟着，想必是位留学回来的博士。博士请看！"说着举起一架土里土气的照相机：

"您和这位外国朋友虽然从科学先进的国外回来，但是，保证没见过这种超级傻瓜相机。它傻瓜，您聪明！"

四周响起一片笑声。赵先生正想拉约翰森走开，那个大汉又说话了。

"您看！这镜头有多大，一般傻瓜相机，镜头都小小一个；但是，好的相机都应该要大，对不对？"

赵先生没有回答。

"对不对？"大汉又喊了一声，把相机递到赵先生面前。赵先生不想再理这个无聊的人，凭直觉，他认为那个大汉在卖假冒产品，于是就想拉约翰森转身走，却见约翰森把相机接了过来，还问赵先生："他在说什么？"

赵先生翻译了大汉的话。约翰森直点头。

就听那黑脸大汉大声说道："对！外国朋友真厉害，尊姓大名？Your name please？"居然还冒出一句英文。

"约翰森！"约翰森真实地、乖乖地答道，又双手把相机递了回去。偏偏大汉没接好，相机啪的一声，掉在了地上，四周群众都被惊得哇地叫了出来。

却见大汉毫不在乎地把相机捡了起来，笑道："没事！没事！”说着，啪！又一失手，相机再次掉在地上。

他又捡起来，拿给约翰森。约翰森脸上有点儿变色，大概认为自己闯了祸。

"有没有摔坏？"大汉问，"Broken？"

约翰森左看看、右看看，摇摇头。

"没坏！没坏！"大汉叫着把相机传给大家看，"瞧！不但镜头大，而且摔不坏。"然后，他转身面对赵先生说："要是一般相机，早破了，对不对？"

赵先生点了点头，他倒真有些诧异，也可以说是有点儿庆幸，这大汉没要诈，故意砸了相机，好好敲约翰森一笔。

"内行！内行！"大汉一步跨上来，拍了拍赵先生的肩膀，又拍了拍约翰森，"两位想必是摄影专家，您家里有几架相机？两架？还是三架？"

赵先生一笑。

"四架！天哪，一定是摄影家，对不对？"大汉把相机交到赵先生手上，盯着赵先生的眼睛，做出很诚恳的表情："请摄影家告诉我们，照相机是机身漂亮重要，还是镜头的解析度重要？"

"解析度。"赵先生看看相机，"你这个镜头解析度高吗？"

"内行！内行！"大汉向四周人群扫视了一圈，"碰到内行人了。"接着，他从口袋里掏出一叠照片，递给赵先生和约翰森："请专家检查，是不是都在这儿拍的？对面卖灯的，左边卖臭豆腐的，还有这张，不是我吗？"说着抢过相机，"咔嚓"一闪，给赵先生和约翰森拍了一张："一会儿，各位朋友看看我给这两位拍得怎么样，清楚不清楚。保证又快，又清楚。它傻瓜，您聪明！"

大家又都笑了起来，议论纷纷地传阅着照片。

"清楚吧！解析度高吧！这是日本镜头，中国台湾组装。"大汉又对着约翰森比了个手势，"您猜 how much？"

约翰森摇头。

"才 1 000 块。"大汉像是非常吃惊一样叫道，"您信不信？才 1 000 块。附带皮套、电池、背带，还有胶卷。"接着贴近约翰森，再对赵先生挤挤眼："远道朋友和摄影专家，算 800，半卖半送。"

赵先生把照片又翻了翻，接着翻自己的口袋，递了 20 张百元钞票，大汉倒也真快，一人一袋，早装好了，再偷偷给赵先生塞回 400 块。

赵先生和约翰森两个人挤出人群，只听有人大喊："不行，给他们 800，凭什么给我们 1 000 呀！"接着又有人附和："对！800！"大汉哈哈笑了，说："好好好，800 就 800，只有在场的各位可以，见者有份，算结个缘！限量供应，卖完为止。"

便听一群人抢着喊："我要一架！"

"我要两架！"

本来赵先生根本不需要相机，但是，他觉得大汉的推销手段真是高明，所以不由自主地掏了腰包。大汉始终都没说出照相机的优点，而是要赵先生和约翰森来答。

明明是"他教你答"，可是当你答出来的时候，他又会强调那是因为你是专家，你说的真对。

· 欠钱就一定得死吗 ·

这是一个真实的故事，发生在 20 世纪末的上海，一个 4 月的傍晚。

晚饭后，钱先生去散步。突然发现一栋楼前聚集了好多人，原来是有人要自杀！钱先生不由自主地挤进了看热闹的人群。

"我要跳楼了，我要跳楼了！你们不要过来，你们统统躲开！我要往下跳了！"

要自杀的是一个中年男子，他站在 16 层楼的阳台边缘，把半个身体伸出去，对着下面围观的人喊完，又回头对追上楼顶的警察叫着："你滚！你滚！你拦不住我的，我今天非死不可！"他的情绪非常不稳定，声嘶力竭地挥着手。

"我不是要拦你，是来问你为什么要跳楼。"警察说，"你总不能死得不明不白吧？总得让我们知道为什么啊！"有经验的警察不慌不忙地说。

"我没明天了！我活不下去了，我没有活路了，他们不要我活啊！"男人哭喊着，再转身对着楼下叫，"我要跳了！"

"等等！"警察喊，"你要跳楼，不能把下面的人压死，你总得等我把群众赶开吧。不过我先问你，是谁不要你活？我是警察，如果有坏人逼你，我当然要保护你。是谁逼你的？"

"不怪他们，不怪他们。"男人挥着双手，"是我欠他们的钱。"

"你欠别人的钱？我也欠钱啊！欠钱就一定得死吗？"警察说，"我相信我欠的绝不比你少。你知道我现在还欠别人 20 多万吗？"

"我欠得比你多得多，我欠了 80 多万啊！"男人坐在阳台边上哭了起来，"80 多万哪！"

"80 多万，也不算多啊！我以前也是欠 80 多万，一点、一点还，十几年下来，也还了 60 万。你的那些债主会希望看到你跳楼，从此一文钱也要不回来？还是会给你时间，让你慢慢还？这是民主社会，谁能逼死你？难道你要逼死你自己？你的命只值 80 多万吗？"

"可是你给我一辈子，我也还不清啊？"

"不、不，你一定是没算过，你要不要听我是怎么还我的债的？""你说！"中年男子似乎冷静了一点。

于是，警察一五一十地，把自己怎么贷款，怎么努力干活，怎么省吃俭用，又怎么跟债主们沟通，都讲了出来。

"你说的是真的?"男人回头看着警察,"看不出,你们警察也这么可怜。"

"你以为这世界上只有你可怜吗? 每个人都有可怜的时候……"

他们两个,一个在几十米高的楼顶,一个在楼下,说起了各自欠债的事,没多久,原来要自杀的男子,居然走回阳台,跟着警察下楼了。

美丽的谎言

实话先生和谎话先生在讨论他们之中谁更受人们欢迎,他们都认为自己较之对方更加有魅力,相持不下,只好约定通过事实来证明。

在一次盛大的舞会上,实话先生见到一位风韵犹存的老妇人,她衣着雍容华贵,打扮时髦,看来是个非常注意自己形象的女士。实话先生主动走过去向她行礼,然后说:"您使我想起您年轻的时候。"

老夫人微笑着说:"怎么样?"

"很漂亮。"

"难道我现在不漂亮吗?"老夫人的话带有几分戏谑。

实话先生非常认真地说:"是的,比起年轻的您,您的皮肤松弛,缺少光泽,还有皱纹。您长了老年斑,头发也变白了,而您的眼睛,已经失去了清水般的明亮。"

老夫人的脸红一阵白一阵,尴尬地瞪着那双愠怒的眼睛,刚才的愉悦与自信一下子消失得无影无踪了。她愤怒地瞪了实话先生一眼,转身回到椅子上一言不发。

正在这时,谎话先生也来到了老妇人面前,彬彬有礼地邀请老妇人跳舞,恭敬地说:"您是舞会上最漂亮的女人,如果您能接受我的邀请,我将是舞会上最幸福的人。"

感悟
ganwu

诚实,固然是一个人极其宝贵的品质,但用起来一定要注意时间、地点和场合。在特定的情况下,说些不伤害他人的善意谎言不等于虚伪。

老妇人的眼睛顿时闪出迷人的神采,脸上露出灿烂的微笑,随后伸出了应允的手。

谎话先生和老妇人在舞池里跳了一曲又一曲,老妇人沉浸在无比的幸福之中。

实话先生坐在一边,看着这对年龄上很不协调的舞伴。

不知谎话先生微笑着对老妇人说了句什么,老妇人突然间萌发了青春活力,全身洋溢着生命的激情与魅力,舞跳得就像年轻人一样,简直像是一个出色、漂亮的年轻女郎!

舞会结束了。

实话先生叫住刚送走老妇人的谎话先生,问道:"跳舞的时候你对她说了什么?"

谎话先生说:"我对她说'我爱你,你愿意嫁给我吗'。"

实话先生惊愕地瞪大了眼睛,气愤不已地说:"你又在说谎话了!你根本不会娶她。"

谎话先生说:"没错。可她很高兴,难道你没看见吗?"

"可是如果她发现了你是在骗她,会是多么痛苦啊!"

俩人话不投机,争执不下,不欢而散。

天有不测风云,人有旦夕祸福。一个月之后,实话先生和谎话先生各自从邮差那里得到一函讣闻,内容是一样的,都是请他们于5日9时参加老妇人的葬礼。

他们在墓地不期而遇,也都看到了,那棺木中躺着的正是那位老妇人。

葬礼结束后,老妇人的一位仆人走过来,将两封信分别交给了实话先生和谎话先生。

实话先生打开信后,看到了老妇人留给他的短信:"实话先生,你是对的。衰老、死亡都是不可避免的,但说出来却如雪上加霜。有时我想一句善良的谎言是对别人的帮助,我把一生的日记全部赠送给你,那才是我的真实。"

谎话先生打开信后,看到了老妇人留给他的遗言:"谎话

先生，我非常感谢你那些美丽的谎话。这些善意的谎言让我在生命的最后一段时光过得如此美妙和幸福，它让我生命的枯木重新燃起了青春的活力，它融化了我心中厚厚的霜雪。我把我的遗产全部赠送给你，请你用它去编制美丽的谎言吧！"实话先生和谎话先生交换了信件，重新对以前的问题进行了探讨。

后来，实话先生和谎话先生成了朋友。他们一边喝酒，一边探讨做人与处世的真谛。

谎话先生非常佩服实话先生的耿直，由衷地说："从根本上说，难听的实话要胜过动听的假话。谎话是不能持久的，只有实话才能经得起时间的考验。"

实话先生十分赞赏谎话先生的灵活，心服地说："在某些场合下，谎话也是很受欢迎的。如果谎话是善意的，并局限于一定范围，通常也是可以被大家所理解的。比如息事宁人的谎话，就要胜过挑拨离间的真话。"

· 善意的鼓励 ·

一个喜爱足球的女孩，考了许多年都没有被足球队录取。按照身体条件，她真的不是很优越。163 公分的身高，很普通，这让她在队伍里很不显眼。

但是体校教练总是鼓励她："下次肯定能成功。"

后来，她终于进入了足球队。多年后，她成为中国女子足球队的队长。

她就是孙雯。

一个身材矮小的女孩，喜欢上了乒乓球，风里来，雨里往地练习着自己热爱的运动，所有的人都不看好她。但是她的父亲对她说："你很优秀，真的。"

她后来成为乒乓球国手，她的名字叫邓亚萍。

也许没有人会说她们的成功就是那几句温馨的话的功劳，

但是她们却说，那些话至今仍然记忆犹新。

美国某著名电气公司首席执行官杰克·韦尔奇，在他的自传中说自己的成功也许要归功于他英格兰籍的母亲。他小时候有口吃的毛病，这是一件糟糕又让人自卑的事。这令他很多时候不敢开口说话。但是他的母亲对他说："孩子，这是因为你的嘴巴无法跟上你聪明的脑袋之故。"

他认为这是迄今为止他听到过的最妙的一句话。

一位年轻作曲家参加一个贵族聚会，他遭受了一位公爵的嘲笑，作曲家对此自卑不已。

他的朋友对他说："这个世上的公爵有很多，而贝多芬只有一个。"

对了，年轻人就叫贝多芬，他后来写出了很多流芳百世的辉煌的音乐篇章。

希望能常这样对我说

我们的家庭是一个非常"规矩"的家庭，每一个人从不轻易表露自己的感情。我们之间难得互相拥抱，很少互相亲吻、握手，颇具有男子汉气概，像父亲教给我们的那样：坚定、豪爽，双眼无所畏惧地直视对方。

可是，随着岁月的流逝，父亲的头发渐渐地变得花白，全然不像以前那么刻板。他会在人前流泪并不觉得难为情；他会大大方方地握住母亲的手并当着儿孙们的面亲吻她……有一次，父亲对我说，年纪越大就越觉得自己过去混淆了人的自然感情的流露与不得体的举止这两个不同的概念。一个人的生命如此短暂，应该将自己内心真实的感情在活着的时候告诉人们。

父亲变得容易亲近了，我感觉到我对他的爱也在日益增长。我非常渴望能用一种意味深长的方法表达出来。然而，当我每一次与他"再见"告别后，总要为自己没能俯首向他吻别

而后悔得直拍巴掌。就连"我爱你"这句话也如鲠在喉，想说，却缺乏勇气。

终于，我觉得不能再长期这样下去了，我都快被这种所谓的"男子汉气概"压抑得喘不过气来了。一个星期六的下午，我迈着轻快的步子走进离家35英里远的父母家中。走进父亲的书房，发现他坐在轮椅里，正在壁台上埋头工作。

"我来这儿只是为了一个目的，"我说，"我想告诉你一些事，然后我想做一些事。"

突然，我觉得自己真像一个傻瓜。我46岁了，他86岁了，但是，既然已迈出了第一步，那么，好马绝不吃回头草。

"我爱你。"我说，激动得再也说不出第二句话来。

"你来这儿就是为了对我说这句话吗?"他彬彬有礼地问到，然后放下笔，双手插进了衣袋，"你不必跑那么远的路来对我说这句话，但我听了感到非常高兴。"

"我想对你说这句话已有好几年了，"我说，"我发觉我很容易把这句话写在纸上，却很难将它说出口。"

他若有所思地点着头。

"还有一件事。"我说。

他并没有抬起头来，双眼依然凝视着前方，慢慢地点着头。我俯首吻了他，首先在他的面颊上，然后在他的前额上。

他伸出了他那双强健的手，握住我的胳膊，把我拉向他；然后，他双臂抱住了我的脖子；最后，他松开了我。我感到窘迫。他的嘴唇神经质地颤抖着，泪水在他的眼眶里滚动。

"我父亲死在印第安纳州，那时我还年轻。"他说，"不久以后，我离开了家去学院教书，然后又去法国参加了第一次世界大战。战争结束后，我定居佛罗里达州。除了偶尔去看望妈妈以外，很少回家乡。"

"妈妈年纪大了，我去看她，并请她到佛罗里达去和我们住在一起。"他顿住了，咧嘴笑了笑，一个破碎的笑："她说，

感悟 ganwu

学会表达爱，是一个奇妙的沟通过程。一句"我爱你"，就是世间最动听的话。一个吻送给父亲，父亲的心比吃到最甜的糖还要甜蜜。时光匆匆过去，父母也会老去，好好珍惜和父母相处的时光吧，及时地表达自己的爱，让感动常在心头。

'不，我住在这儿很好。但我很高兴你来请我去和你们住在一起。纵然，我不会那样做，但我希望你还是能经常这样地来请我，一直到我死的那一天。'"

他抬起头来，望着我说："我知道你很爱我，我希望你能经常这样对我，一直到我死的那一天。"

那个星期六的下午，激情如同洪水般在我心中汹涌。我忘不了这一天。当我驱车回家时，我仿佛觉得我的灵魂在升腾、升腾，一直到达永恒的苍穹，在那儿自由翱翔。

子贡讨马

有一次，孔子带着他的几名学生外出讲学，当他们路过一个村庄时，发现有一片很大的树荫，于是他们决定休息一下，吃点干粮。不料，他们停下来不久，孔子的马就挣脱了缰绳，跑到庄稼地里去吃人家的麦苗了，而且还被一个农夫扣了起来。

子贡是孔子最得意的学生之一，一贯能言善辩。所以他自告奋勇地走到农夫面前，希望可以说服那个农夫，讨回老师的马。可是，他说话文绉绉的，满口之乎者也，和农夫讲了半天道理，也费尽了口舌，农夫就是不还马，子贡只好灰溜溜地回来了。

孔子见状，笑着说："拿人家听不懂的道理去游说，就好比用高级的祭品去供奉野兽，用美妙的音乐去取悦飞鸟，怎么行得通呢？"

一位刚刚跟随孔子学习不久的学生看到这种情形后，便对孔子说："老师，请让我去试试看吧！"孔子点头允许。

于是，他走到农夫面前，笑着对农夫说："您并不是在遥远的东海种田，我们也不是在遥远的西海耕地，所以我们彼此靠得很近，相隔也不远，这样，我的马怎么可能不吃您的庄稼呢？再说了，说不定哪天您的牛也会吃掉我的庄稼呢，您说是不是？我们该彼此谅解才是。"

农夫听了这个学生的话后，觉得他说得很在理。于是，将马还给了他，并且说："像你这样说话才对啊，怎么能像刚才那个人那样，我根本不知道他在说什么！"

有口难辩就只能吃亏

剧院大厅。乐队演奏序曲。

约翰坐在第十一排，他前面的女人戴着高高的帽子，挡住了他的视线。女人戴帽子是很平常的事，但是此刻却让约翰很恼火，他本想忍住但终于还是开口了："对不起，女士！女士！"或许是她太投入了，或许是她知道对方要说什么，她不想回答，总之她没有反应，他只好更大声地说："对不起！"

这次，坐在十排的女士回过头："先生，请您稍微小声一点儿，还有人想听乐队的演奏呢！"

约翰："我正叫您呢！"

十排的女士："干什么？我又不认识您。"

约翰："但是我坐在您的后面。"

十排的女士："那又怎么样？"

约翰："您戴着帽子。"

十排的女士："知道。"

约翰："您知道什么？"

十排的女士："我知道自己戴着帽子。"

约翰："高帽。"

十排的女士："现在没有人戴其他式样的。这个款式是最流行的。"

约翰："可能。但是，过一会儿我将什么也看不见。"

十排的女士："想看，就会看见的！"

感悟
ganwu

在生活中，经常有这样的情形，明明是别人侵犯了我们的利益，我们却要遭受其他人的指责。因此，要培养足够的申辩能力，大胆地说出自己正当的理由，以有效地维护自己的基本权益。

约翰："可我一会儿就会什么也看不见了。女士，您能不能把帽子摘了？"

十排的女士："很遗憾，不能。"

约翰："为什么？"

十排的女士："我没梳头。"

约翰："那您梳梳好了。"

十排的女士："什么？梳梳头？现在正演出，叫我去找理发师？"

约翰："干吗要找理发师？"

十排的女士："我说的没梳头，不是指没用梳子梳，而是没去理发店。"

约翰："您没梳头，怪我干什么？"

十排的女士："我怪您了吗？"

约翰："可过一会儿我会什么也看不见。"

十排的女士："为什么？就因为我没梳头？"

约翰："因为您不想摘掉帽子。"

十排的女士："我很想摘，但不能摘。"

约翰："为什么？"

十排的女士："因为我没有梳头。"

（演出开始了）

约翰："女士，我可要忍受不了啦。买了票，却什么也看不见。"

十排的女士："那您去退票好了！"

约翰："就因为您不想摘掉这顶高帽子。"

十排的女士："现在，除了偏远地区的农民，谁还戴那种趴趴帽？"

约翰："那么，您能不能把头稍微偏一偏？"

这时，旁边的观众说话了："谁在捣乱？"

"请安静！台上说什么全听不见。什么也听不见了！"

"请安静！你是第一次进剧院还是怎么的？"

约翰解释说："这位女士戴着帽子……"

旁边的观众纷纷说："你喝醉了，还是怎么的？"

"舞台上正说什么全听不见，就听你一直说什么帽子。"

"安静！"

"请你出去！"

约翰："可是……"

十排的女士："好了，好了！如果您保证，能够安静地坐着，还可以留下。"她朝周围的观众笑了笑："请大家允许他留下吧！"

约翰嘴里说着："谢谢您，女士！"他心里想的却是，自己没有看好演出，却得到了一些人生的经验。

·卜妻做裤·

从前，在郑县这个地方，住着一个名叫卜子的人。他平时很不讲究穿着，经常是穿着一身破烂的衣服就出门了。

有一天，他还是和平时一样穿着一条又脏又破的裤子去街上赶集去了。走到集上，很多人都在看他的破裤子。他自己觉得很难堪，于是便走进一家布铺买来一块布头，回到家叫妻子为他做一条新裤子。

卜妻量量尺寸，问他："这条裤子做成什么式样啊？"

卜子随口回答："我能要什么样式的，就照老样子做呗！"

妻子以为丈夫喜欢原来那种又脏又破衣服的款式，寻思着：他是不是觉得穿这种裤子很舒服，而这一条裤子不够穿，所以叫我再做一条？不管那么多了，先按照丈夫的意思做好再说。

她找出旧裤，对着旧裤比画着裁剪，把长的地方剪短，把

感悟 gǎnwù

说话一定要说清楚，马虎不得。如果一句话没交代清楚，很可能产生不良后果。如果我们写文章不注意表达的准确性就会表意不明。

155

宽的地方剪窄。就这样，她依样画葫芦，花了几天时间，好不容易将新裤子缝起来了，她高兴得手舞足蹈。

可是，她仔细一想，又犯起愁来了。她发现新裤与旧裤还是不一样。旧裤又脏又破，到处大窟小眼的，新裤哪里像旧裤呢？这个愚妻拿起新裤看着，绞尽脑汁地想呀想呀，她终于想出一个好办法。她把新裤放在地上揉呀、搓呀、捶呀、踩呀，累得筋疲力尽，终于把新裤弄得跟旧裤一样又脏又破。当她十分得意地将做好的"新裤"拿给丈夫看时，丈夫目瞪口呆，半晌说不出话来。

如果不注意自己的表达方式，即便有建设性的提议也可能被当成是自以为是。一个蔑视的眼神，一种不满的腔调，一个不耐烦的手势，都有可能带来难堪的后果。在与人沟通时懂得照顾别人的感受，才能让沟通有更好的效果。

不要告诉他你比他聪明

用"我也许不对""我常常会弄错""我们来看看问题的所在"这一类句子，确实会收到神奇的效果。你承认自己也许会弄错，就绝不会惹上烦恼。因为那样的话，不但会避免所有争论，而且还可以使对方跟你一样宽宏大量；并且，还会使他承认他也可能弄错。如果你肯定别人弄错了，而且直率地告诉他，结果会如何呢？

有一次，彼得请一位室内设计师为他置办一些窗帘。等账单送来，他大吃一惊。过了几天，一位朋友来看彼得，看到那些窗帘，问起价钱，朋友面有怒色地说："什么？太过分了，我看他占了你的便宜。"

真的吗？不错，朋友说的是实话。可是很少有人肯听别人羞辱自己判断力的实话。身为一个凡人，彼得开始为自己辩护。他说贵的东西终究有贵的价值，你不可能以便宜的价钱买到质量高而又有艺术品味的东西，等等。

第二天，另一位朋友也来拜访。他开始赞扬那些窗帘，表现得很热心，说她希望家里购买得起那些精美的窗帘。彼得的反应完全不一样了。"说句老实话，"他说，"我自己也负担不

起，我所付的价钱太高了。我后悔订了这些。"

当我们错的时候，也许会对自己承认；而如果对方处理得很适合，而且和善可亲，我们也会对别人承认，甚至以自己的坦白直率而自豪。但如果有人想把难以下咽的事实硬塞进我们的食道，你想，我们的感觉将会如何？表现得聪明未必是件好事。

如果你想知道一些有关处理人际关系、控制自己、完善品德的有益建议，不妨看看本杰明·富兰克林的自传——它是最引人入胜的传记之一，也是美国的一本名著。

在这本自传中，富兰克林叙述了他如何克服好辩的毛病，不在任何时候都表现得比别人聪明，使自己成为美国历史上最能干、最和善、最老练的外交家。

当富兰克林还是个毛躁的年轻人时，有一天，一位教会的老朋友把他叫到一旁，尖刻地训斥了他一顿："本，你真是无药可救。你已经打击了每一位和你意见不同的人。你的意见变得太珍贵了，没有人承受得起。你的朋友发觉，如果你在场，他们会很不自在。你知道得太多了，没有人再能教你什么，也没有人打算告诉你些什么，因为那样会吃力不讨好的，而且又弄得不愉快。因此，你不能再吸收新知识了，但你的旧知识又很有限。"

富兰克林的优点之一，就是他接受了那次教训。他已经能成熟、明智地领悟到他的确是那样，也发觉他正面临失败和社交悲剧的命运。他立刻改掉了傲慢、粗野的习惯。

"我立下一条规矩，"富兰克林说，"决不准自己太武断，我甚至不准自己在文字或语言上有太肯定的意见表达，比如，'当然''无疑'等等，而改用'我想''我假设''我想象一件事该这样或那样'或'目前，我看来是如此'。当别人陈述一件事而不以为然时，我决不立刻驳斥他或立即指正他的错误。我会在回答的时候，表示在某些条件和情况下，他的意思没有错，但在目前这件事上，看来好像稍有两样等。我很快就领会到我这种改变态度的收获：凡是我参与的谈话，气氛都融洽得多了。我以谦虚的态度来表达自己的意见，不但容易被接受，更减少了一些冲突。我发现自己有错时，没有什么难堪的场面；而我自己碰巧是对的时候，更能使对方不固执己见而赞同我。"

"我最初采用这种方法时，确实和我的本性相冲突，但久而久之就逐渐习惯了。也许50年来，没有人听我讲过些什么太武断的话，这是我提交新法案或修改条文能得到同胞的重视，而且在成为民众协会的一员后具有相当影响力的重要原因。我不善辞令，更谈不上雄辩，遣词用句也很迟疑，还会说错话，但一般说来，我的意见还能得到广泛的支持。"

如果把富兰克林的方法用在经商上呢？我们再看一个例子。

纽约自由街14号的麦哈尼，专门经销石油所使用的特殊工具。一次他接受了长岛一位重要主顾的一批订单，图纸呈上去，得到了批准，便开始制造了。然而，一件不幸的事情发生了：那位买主同朋友们谈起这件事，他们都警告他，他犯了一个大错，他被骗了。一切都错了，太宽了，太短了，太这个，太那个，他的朋友把他说得发火了，于是，他打了一个电话给麦哈尼先生，发誓不接受已经在制造的那一批器材。

"我仔细查验过了，确实我方无误。"麦哈尼先生事后说，"我知道他和他的朋友们都不知所云，可是，我觉得，如果这样告诉他，将很危险。我到了长岛。当我走进他的办公室，他立刻跳起来，一个箭步朝我冲过来，话说得很快；他显得很激动，一面说一面挥舞着拳头，竭力指责我和我的器材，而我却耐心地听着。结束的时候，他说：'好吧，你现在要怎么办？'我心平气和地告诉他，我愿意照他的任何意见办。我说：'你是花钱买东西的人，当然应该得到适合你用的东西。可是总得有人负责才行啊！如果你认为自己是对的，请给我一张制造图纸，虽然我们已经花了2000元钱，但我们可以不提这笔钱。为了使您满意，我们宁可牺牲2000元钱。但我得先提醒你，如果我们照你坚持的做法，你必须负起这个责任。但如果你放手让我们照原定的计划进行，我相信，原计划是对的，我们可以保证负责。'"

他这时平静下来了，最后说："好吧。照原计划进行，但若是错了，上天保佑你吧。"

最终的结果证明，我们的产品非常好。于是他答应我，本季度还要向我们订两批相似的货。

"当那位主顾侮辱我，在我面前挥舞拳头，而且还说我是外行的时候，我要维护自己而又不同他争论，真需要有高度的自制力。的确，我们常常需要极度的自制，但结果很值得。要是我说他错了，开始争辩起来，很可能要打一场官司，感情破裂，损失一笔钱，失去一位重要的主顾。所以，我深信，用这种方法来指出别人错了，是划不来的。"

· 新 媳 妇 ·

卫国有户人家娶媳妇。婆家借来两匹马，加上自己家里的一匹，用三匹马驾着车，吹吹打打、热热闹闹、十分隆重地去迎接新娘子。

到了新娘家，迎亲的人将新娘子搀上马车。一行人告别新媳妇的娘家人之后，就赶着马车往回走。

不料，坐在车上的新娘指着走在两边拉车的马问赶车的仆人："边上的两匹马是谁家的？"驾车人回答说："是向别人家借来的。"新娘又指着中间的马问："这中间的马呢？"驾车人回答说："是你婆家自己的。"新娘接着便说："你若嫌车走得慢，要打就打两边的马，不要打中间的马。"驾车人有些奇怪地看了看这位新媳妇。

迎亲的马车继续前进，终于到了新郎家。伴娘赶紧上前将新娘扶下了车。新媳妇却对还不熟悉的伴娘吩咐说："你平时

感悟
gǎnwù

通过这个故事，我们可以体会到，一个人说话、办事，要有理有礼有节，讲究策略和方式。如果不顾时机、不分场合，即使是好话、好事，也得不到应有的重视，还会被别人笑话。

在家做饭时，要记住一做完饭就要把灶膛里的火熄掉，不然的话会失火的。"那位伴娘虽然碍着面子点了点头，心里却有点不高兴这个新媳妇的多嘴。

新媳妇进了家门，看到一个石臼放在堂前，于是立即吩咐旁边的人说："快把这个石臼移到屋外的窗户下面去，放在这里妨碍别人走路。"婆家的人听了这个新娘子没有分寸又讲得不是时候的话，都不免在心里暗暗发笑，认为新娘子未免太爱讲话又太不会见机讲话了。

其实，这新媳妇所说的三件事，对婆家来说都是有好处的。可是她刚踏进婆家门就俨然以主妇自居、多嘴多舌的做法自然引起了旁人的反感。

一个铜板

有一次，一位爱好文学的青年，花了很长时间写了一篇描写乞丐生活的短篇小说。写完后，他便拿给俄国著名作家陀思妥耶夫斯基看，非常谦虚地求教。陀思妥耶夫斯基很喜欢青年人的认真和谦虚，就认真地读了起来，读着读着，忽然觉得有一处描写不是很好，就停下来细细推敲。原来小说中有一段描写一个吝啬的绅士施舍给乞丐一个铜板的句子，原文是这样写的："他把一个铜板投到乞丐的手里。"

这样写只是很一般地讲了绅士给乞丐一个铜板这件事，从原句中我们无法看到绅士当时的神态、心理等等，也无法看出乞丐讨钱时的情景。按照作家的意思，应该在描述时让读者能在脑海里显现出一幅与之相关的图画来。陀思妥耶夫斯基稍加思考，便把原句改为："他把一个铜板向乞丐投下，钱落在地上，叮叮当当地滚到了乞丐的脚边。"他把修改后的小说给青年看，这个青年反复品味陀思妥耶夫斯基这句话，过了一会儿，他大声地说："太好了，太好了！非常感谢您，伟大的陀思妥耶夫斯基！"

受陀思妥耶夫斯基这句话的启发，这个青年专心写作，深入到生活中去仔细体会，经常为了写一种人的生活，而亲自去体验一下，到后来也成为一个著名的作家。

· 教皇的语言 ·

罗马教皇庇护十二世在讲道时从来不看讲稿，但是也从来没有讲错过，幕僚们都对他出色的记忆力很好奇。有一次一个人实在忍不住了，就问他："您能告诉我们，您把那样长的文稿都记下来的原因是什么吗？"教皇一笑，说："其实也没有什么困难的，这都来源于我最初的演讲。以前，我也是看稿子才能演讲的，有一次在做弥撒时，我整个过程都是看着稿子讲下来的，我自己也觉得没有什么不妥。谁知道我讲完之后，一个女信徒忽然站起来，大声地批评我，她的话我到现在还能一字不差地背下来，因为她给我的印象太深刻了。她说：'如果讲道的人自己都不能记住他所讲的内容是什么，他又怎么能使别人记住呢？'"

"那以后呢？"

"那位信徒的话让我哑口无言，无比羞愧，于是我下定决心再也不看着讲稿讲道了。后来，我在讲道的前一晚上，就把讲稿的内容记在脑子里；再后来，我根本就不用再写讲稿了。"

感悟：用空洞的语言来要求别人，只会适得其反；自身的行动和表现，才是最有影响力的。

· 妙 语 解 难 ·

语言运用得当，其力量有时能抵得上千军万马，有时能胜过金钱的作用。解决同一个问题，语言运用得妥当与否，其效果截然不同。

一位叫罗伯特的先生，有一天对他的一个商人朋友抱怨说："我的雨伞在伦敦一所教堂被偷了。因为这雨伞是朋友送给我的礼物，所以我花了两倍的价钱登报寻找，可是还是没寻找回来。"

商人问他："你的广告词是怎么写的？"

罗伯特把广告词给商人看。

"上星期日傍晚于市教堂遗失黑色雨伞一把。如有仁人君子拾到，麻烦送到布罗得街10号，当以10先令酬谢。"

商人看完笑着说："广告词是很讲究学问的，你这样写很难有结果，咱们再换个写法试试。"

商人拿出纸笔，写道："上星期日傍晚，有几个人曾经在市教堂看见某人拿走雨伞一把。拿走者如果不想惹麻烦，请于明日12点前主动送回布罗得街10号为妙。此君是谁，人人皆知。"

这条广告当晚见报。第二天早晨，罗伯特与平常一样开门去晨练，当他打开门的时候，惊奇地发现门前横七竖八地放满了各式各样、五颜六色的雨伞。他好奇地数了一下共有15把。这下他反而犯难了，觉得自己受之有愧，传出去名声不好，而且那些和自己一样的失主也是很着急的。为此从早饭到午饭他都没胃口——这样下次做礼拜时如何面对"上帝"？下午他终于写了一条广告，赶到报社。广告词是这样的："今天早晨意外得到误还的雨伞14把，请失主明天12点前到布罗得街10号领走。"

广告当晚见报。从晚上8点到凌晨2点，他陆续接到115个电话声称明天要来领取失物。为此他彻夜难眠，想着明天如何面对真失主和大量的冒名者，如何想一个巧妙的办法让它们真正物归原主。第二天一大早，他便找那位商人朋友救急。商人听完他的话后，拿出纸笔重新草拟了一条广告："在市教堂偶然拾得雨伞若干，请失主于下个礼拜日在市教堂做完礼拜祷

告后，手握《圣经》到牧师处讲何时何地失去了何种样式何种颜色及新旧程度的雨伞，情况属实后，雨伞会由牧师完璧归赵。如果不想受到上帝的惩罚，就别再到布罗得街 10 号自讨没趣。"

广告加急于当日见报，罗伯特当日也闭门外出。果然在礼拜日做完礼拜后，恰好有 14 个男女手握《圣经》到牧师处向牧师就他们的雨伞特征娓娓道来。

巴黎的圣丁大教堂附近，每天游客穿梭。有一个盲人乞丐经常在此乞讨。他的面前有一张纸条。上面写道："我一出世就瞎了眼睛，烦请好心人多可怜关照。"纸条上摆着一顶破帽子，但很少有人往帽子里投钱。

一天，一位美国游人路过此，见此情景便与他的法国导游打赌："我能让乞丐帽子里装满钱。"法国朋友死也不信："这几年来我三天两头就带客人路过此地，每次都见他是这般穷样，你就能改变这种长期的状况？"

一天，这位美国游人将乞丐的帽子下的纸条拿起来，在反面写了几句话。纸条摆好没多久，帽子里的钱就盛满了，并越来越往外溢。

法国人觉得邪了门，不解地去看纸条上到底有什么魔力。只见上面写道："春天来，各位到此欣赏美景，一定很快乐。但我却什么也看不见，因为我一出生就失去了光明。"

看完后，法国人也禁不住一改这几年熟视无睹的麻木状，向帽子里投了 5 法郎。

触龙说赵太后

当年秦国攻下了赵国的三座城池，赵国危在旦夕，求救于齐国。齐国同意了，但出兵的条件是赵太后必须把长安君送去做人质。当时的赵国上下都知道应该把长安君送往齐国做人

沟通主要表现在语言的运用上，同一个意思，换一个角度，换一个思考方式，换一种表达，就会产生令人难以置信的神奇效果。文中的几个例子，都只不过改变思路，巧妙地运用不同的语言表达，却能让枯木逢春，起到了意想不到的作用。

感悟
gǎnwù

说服是鼓励而不是操纵，最好的说服是说中对方的想法，拉近和对方的距离。触龙先让赵太后认为他和赵太后的想法一样，从而消除了她的戒备心理。再让赵太后觉得这样说是在为她考虑，赵太后自然就会听从劝说了。

质，这样才能保全国家。但由于长安君是赵太后最宠爱的儿子，所以，这个要求遭到赵太后的拒绝。她宁愿亡国也不愿意把最喜欢的小儿子送出。大臣们的进谏除了遭到唾骂外，什么也没有得到，赵国依然濒临亡国。这时候，改变历史命运的触龙出场了，而他之所以能改变历史就是因为他能进行换位思考。

触龙小跑着觐见太后，说："老臣我的腿不灵便，很久没有来拜望太后了，又担心太后的身体有什么不舒服，所以还是希望能见到太后。"

太后说："你那还是好的呢，老婆子我只能靠人推车来往了。"

触龙又关心地问："饭量减少了吗？"

"只是喝粥而已。"

触龙的话一下让太后感受到了被人关心的滋味。要知道，当时谁见了太后都是劝她把长安君送去做人质，现在听到有人这样问候她，不可能不动情。这大概也是触龙经过一番换位思考后，明白了太后当时的处境，因此才如此开场。

于是太后不悦之色稍退了些。接着触龙又说："为臣年纪大了，已有一半身体埋进了土里，我想让我的小儿子能在朝廷中为太后效力，您看可以吗？"（这下子太后觉得，原来触龙也爱自己的小儿子。他们因而有了共同的心理，为下面的顺利展开谈话奠定了基础。）太后笑着说："大丈夫也知道疼爱自己的儿子吗？"

"那当然。比妇人还疼爱呢。"

"还是妇人疼爱。"

（这看起来是在争执，实质是双方已完全敞开了心扉的信号。）

接着触龙说："我觉得您爱您的女儿燕后胜过爱您的儿子长安君。"太后摇了摇头说："你错了。我爱燕后远不如爱长安君。"

（在不知不觉中让太后进入了谈话的主题。既然你是如此爱长安君，那下面的话你就不可能不听了，是该滔滔不绝的时候了。）

触龙说："父母疼爱自己的儿女，就应为他们作长远考虑。您当初送燕后出嫁时，抓住她的脚后跟直掉眼泪，想到她嫁到那么远的燕国，心情十分悲伤。燕后离去后，您不是不想她，但祭祀时祷告说：'千万别让人送回来！'这难道不是为她作长远考虑，希望她的子孙能在燕国相继为王吗？"

（既给你讲大道理，同时又不忘对你表示赞赏：其实你本来就能为子女作长远考虑，你真了不起。谁能拒绝这种"润物细无声"的赞扬呢？同时，发问的方式使双方互动，从而避免了说教。）

太后说："是的。"

触龙又道："从现在上推到三代以前，赵王的子孙被封侯的，还有没有继承人在位的？"

太后回答说："没有了。"

触龙说："难道是说君王那些封侯的儿子都不成材？其实，只是因为他们地位尊贵而没有军功，俸禄丰厚而又没有劳苦，又享有国家的许多宝器。如今，您提高长安君的地位，封给他良田美地，又赐给他很多宝器，却不让他趁现在为国家立功，没有在国内树立威信，一旦您不在世上了，长安君靠什么在赵国立足呢？"

（字字都是肺腑之言，忠心可表日月。试想，如果触龙没有进行充分思考，也许他也只能被太后吐一脸口水，或者被杀头，成为死谏之臣。）

太后醒悟道："随你去安排吧。"于是，长安君到齐国做人质，齐国出兵，秦军撤退了。

· 兄 妹 戏 丑 ·

我国宋朝大文学家苏轼的一家可谓是历史上有名的书香之

家，父亲苏洵，儿子苏轼、苏辙被称为"三苏"，唐宋八大家里就有他们父子三个。其实苏轼的妹妹苏小妹也是当时的才女，平时在家里，她就喜欢与哥哥比口才。

她长得不胖不瘦，薄薄的嘴唇，圆圆的脸蛋，乌溜溜的大眼睛，再配上高高的额头，一看就是一副漂亮聪明的样子。就是眼窝儿略深，有点儿往里陷。眼窝儿往里一陷，前额就显得突出了，前额突出可就有名称了，说成现在的通用语，叫——奔儿头！

大哥苏轼长得是大连鬓胡子，大长脸，满脸胡须，肚突身肥，穿着宽袍大袖的衣服，不修边幅，不拘小节。苏小妹常常笑话他长得胖，胡子多。于是兄妹在家整天舌战不休。

一天，苏轼抬头一看妹妹那深眼窝儿就想跟她开个玩笑，他说："小妹，我想做一首七言绝句，刚有两句，你给续上两句如何？"苏小妹说："兄长请讲。"苏轼说："数次拭脸深难到，留却汪汪两道泉。"

苏小妹一听：怎么着？说上我这深眼窝儿啦！我没招你呀，你讽刺我这深眼窝儿！你怎么不说说你那大连鬓胡子呀！好，我给你也来两句，于是就说："口角几回无觅处，忽闻须内有声传。"那意思是：看看你自己吧，那大胡子长得都找不着嘴啦！

苏轼又说了两句："迈出房门将半步，额头已然至庭前。"说苏小妹刚迈出房门半步，那奔儿头已经到了前院啦！这奔儿头是够大的啦！

苏小妹一听：嗬，又冲我这奔儿头来劲啦。行，我再回你两句。"去年一滴相思泪，今朝方流到腮边。"就是说苏轼呀，去年从眼睛里流出一滴眼泪，流了整整一年才到腮帮子上！

哎，这脸也太长啦！

赞美的激励

丰子恺考入浙一师范后，李叔同教他图画课。在教木炭模

型写生时，李叔同先给大家示范，画好后，把画贴在黑板上，多数学生都照着黑板上的示范画临摹起来。只有丰子恺和少数几个同学依照李叔同的做法直接从石膏上写生。李叔同注意到了丰子恺的颖悟。一次，李叔同以和气的口吻对丰子恺说："你画画进步很快，我在南京和杭州两处教课，没有见过像你这样进步快速的学生。你以后，可以……"李叔同没有紧接着说下去，观察了一下丰子恺的反应。此时，丰子恺不只为老师的赞扬感到欣欣鼓舞，更意识到在老师没有说出的话当中包含着对他前程的殷切希望。于是，丰子恺说："谢谢！谢谢先生！我一定不辜负先生的期望！"这天晚上，李叔同对丰子恺的赞扬，激励他走上了艺术生涯。丰子恺后来说："当晚李先生的几句话，决定了我的一生……这一晚，是我一生中的一个重要关口，因为从这晚起，我打定主意，专门学画，把一生奉献给艺术。几十年来一直没有变。"

树叶和树根

明朗的夏天，山谷被大树遮盖着。树叶是那样茂盛，青翠欲滴，给山谷带来许多生机。这让树叶不由得骄傲起来了。于是在一个月朗星稀的晚上，树叶对风说："哎，说起来我们也算是老朋友了，你说，山谷里上上下下，谁比得上我们美丽的景色？树木茂盛、壮丽，亭亭如盖，全靠着我们这些树叶。请问，树木没有了我们还成什么样子？那么我们赞美自己一下，就不是什么罪过吧？炎热的中午，大家爱的是我们；给路人遮荫的，又是我们；把村姑们招来在草地上跳舞的，也是我们；而每天日出日落时夜莺歌唱的地方，也都在我们这里。再说你自己，不也格外喜欢和我们一起玩吗？"

风还来不及说话，一个低低的谦和的声音从地下接嘴道："也许你们还顾得上对我们也说一声'谢谢'吧！"

"是谁无礼地发出这种不要脸的牢骚？哼，要跟我们争一个长短！你是什么东西，竟敢说出这种自高自大的话来！"抖动的树叶在树上气呼呼地说道。

"我们就是深深地埋在地底下的、见不到阳光的、养育着你们的树根。难道你们不知道吗？我们就是供你们生长在上面的那些树根呀。目前，你们夸耀上一个夏天吧，不过要牢牢记住，我们彼此之间有这样的差别：当春天再来的时候，新生的树叶固然会这里那里地飘动，然而一旦树根枯萎了，树木就枯死了，你们树叶也就完蛋了。"

听了树根的话，树叶变得谦虚起来了，从此，树根源源不断地把养分输送给它们，它们也长得更加茂盛了，吸引着更多的人和鸟在它们周围玩耍。

穷朋友巧讥朱元璋

公元1368年，朱元璋登基，建立明朝。由于他出身贫寒，所以交的朋友大都是穿草鞋、吃粗粮的穷朋友，现在他做了皇帝，每天锦衣玉食，不愁吃穿，可是他从前交往的朋友，有些还过着苦日子。听说朱元璋做了一国之君，都想讨几个钱过日子。

一天，一位穷朋友从乡下来到京城皇宫门前求见朱元璋。守门的士兵一看来了一个衣不蔽体的叫花子，就想轰他走。那人自称是朱元璋的老朋友，倘若不让他进城，皇帝知道了会不高兴的。士兵只好进去禀告。朱元璋听说是以前的老朋友，非常高兴，马上传他进殿。谁知这位穷朋友一见朱元璋端坐在宝座上，昔日的容颜似乎没有多大变化，不由得想起了以前，想以此来拉近和朱元璋的距离，便忘乎所以直通通地说："我主万岁！你还记得我吗？从前你我都替人家放牛，有一天我们在芦花荡里把偷来的豆子放在瓦罐里煮，结果一不小心打破了，撒了一地的豆子，汤也都泼在泥土上。你只顾满地抓豆子吃，不小心连红草叶子也送进嘴里，叶子哽在喉咙里，苦得你哭笑不得，还是我出的主意，叫你用青菜叶子吞下去，才把红草叶子带下肚里去……"还没等他说完，朱元璋就听得不耐烦了，嫌这个孩提时的朋友太不顾自己的体面，于是大怒道："推出去斩了！推出去斩了！"

后来，这件事让另外一个穷朋友知道了，心想，这个老兄也太莽撞了。于是，他心生一计，信心十足地去见他小时候的朋友，当今的皇帝。

这个穷朋友来到京城求见朱元璋。行过大礼，这个人便说："我皇万岁万万岁！当年微臣随驾扫荡芦州将，打破罐州城，汤元帅在逃，拿住了豆将军，红孩儿挡关，多亏了菜将军。陛下还记得这件事吗？"朱元璋一听，不禁大笑，他认出了眼前这个孩提时的朋友，心中更为此人巧妙地暗示他们小时候在一起玩耍的事而高兴，于是让他做了御林军总管，留在了自己的身边。

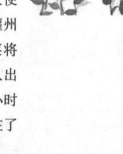

· 一场恶作剧 ·

想起今天下午由我一手导演的那场恶作剧，我真想揍自己一顿。

事情是这样的：

昨天下午数学考试后，接下来便是令人揪心的等待了。我想每个同学和我的心情一样，都在想"考不好可怎么办"。下午数学课上，李老师在课堂上判卷。刘丽琼的目光不时瞟向老师，把作业写得歪歪扭扭，直到我喊她，她才如梦方醒。

既然大家都这样担心自己的分数，我何不开个玩笑呢？于是我的"坏水"冒出来了，把平时成绩很好、常和我竞争的同学李成当做取笑目标。

第二节课后，大家都出去劳动了，我便开始酝酿自己的玩笑。突然，我心生一计。"丁零……"最后一节自习课的铃声一响，同学们又回到了教室，我故意很神秘地走到李成面前，装作十分遗憾地对他说："唉，可惜呀，李成，这次数学考试你并不理想，加上附加分你还没上90分呢。"

他一听，呆住了，脸一下子红得像个下蛋的母鸡。他像丢了魂似的不声不响地回到座位。

哈哈，我的"计谋"得逞了，还真灵验。我不禁暗暗得意，眉飞色舞地回到座位。

可是，不一会儿，郭菲告诉我："李成哭了。"我一瞧，可不是嘛，眼圈红红的，眼泪"滴答、滴答"往下掉，他竟然哭了。我手忙脚乱了起来，连忙说起了真话："李成，我刚才是和你逗着玩儿的，别当真!"可他听了后，还以为我又在取笑他，竟然号啕大哭起来。我无可奈何地低着头，怎么劝也没有用，唉，都怪自己一时晕头，开起这种玩笑来了。

下午的玩笑过火了，唉！真是，假话说多了，连真话也无人相信了，到现在我还在心里恨自己呢。

钉子带来的温暖

每晚8点左右，总会有一位衣衫褴褛然而神情坦然的老头儿，准时来到我们这个大院捡破烂，然后就默默离去，从不晚点，也不久留。

第一次见到老头儿时，他正在与门卫大吵大闹，他要进来捡破烂，门卫不让，说："这是县委大院，哪能什么人都进呢？再说这又是晚上。"老头儿便粗着脖子说："我不是你说的什么人，我靠自己的双手捡点破烂糊口，凭啥不让？当我是小偷吗!"老头儿很瘦，脖子上扯起根根青筋。他的缕缕白发在路灯下显得格外引人注目。

我当时认为老头儿有些倚老卖老、无理取闹的意味，没有停留就过去了。然而几天后，我发现自己错了。

后来也不知门卫怎么就让老头儿进来了，老头儿每天都来大院垃圾箱里翻找破烂。但与别的捡破烂的不同的是，他每次都在天黑以后才来，白天从不进来，而且他捡垃圾就是捡垃圾，除垃圾之外的东西秋毫无犯。这对一度饱受"顺手牵羊"之苦的大院住户来说实在是个惊奇的发现。后来，我们知道了关于他的一段凄楚的身世：老头儿是某国营工厂的退休工人，由于老伴长年体弱多病，老两口没少受儿媳的气，倔犟的老头儿不甘过仰人鼻息的日子，与老伴租了间破房相依为命。由于原单位倒闭了，生性高傲的他为了凑足妻子抓药的钱，不得不背上了捡垃圾的蛇皮袋。

了解了这段隐情后，大家都欷歔不已，从此看他的眼光中就多了几分同情与敬重。一次邻居大伯担心他晚上捡不到什么，便将一袋上好的橘子递给他。老头儿一愣，随即嘟哝了一句："我是捡破烂的，不是乞丐。"他拍拍手，提着瘪瘪的蛇皮袋起身就走。接下来的好几天里他都没有再来。这几天，大家的心里都有点空落落的，似乎看不到他还有那么一点牵挂。

大伯的心里更加不是滋味，他觉得，是他伤了老人的心，也许，从此以后他不会再来了。几天后，老人终于又出现在大院的垃圾堆旁。趁他离去时，大伯回屋里拿出铁锤在垃圾箱旁的大树上一上一下钉了两颗钉子。第二天黄昏，大伯将一些包好的食品挂在上面的钉子上，又将一些旧书、旧报捆扎在一起挂在下面的钉子上。第二天，捡垃圾的老头儿来了，他取走了挂在树上的那两个食品袋。他当它们是别人舍弃不要的垃圾了。

后来，大院里的许多住户知道了这一秘密，于是树上的钉子上便常常多出许多胀鼓鼓的食品袋来。门卫也很默契，晚上除了让老头儿进来外，对其他捡破烂的则一律拒之门外，每天

感悟
ganwu

表达感情不一定要靠语言和文字，有时行动也是很好的方式。面对他人脆弱敏感的尊严，无声的关爱更胜过千言万语。那两颗钉子传递的温暖呵护了老人的尊严。

晚上老头儿进来后总要先在垃圾堆里翻找一通后，再去拿那些食品袋。据经常晚归的小王讲，一次他看到老头儿在取那些食品袋时，竟然泪流满面。

啰唆的小光

小光是班里有名的啰唆大王。本来一句很简单的话，到了小光的嘴里，就会变得啰里啰唆，十分难懂；一件很简单的事，到了他那里就会啰唆得很麻烦。不信，我举两个小例子，你看看就明白了。

星期六，小光一个人待在家里没意思，就决定去亮亮家玩，可是他又怕亮亮不在家，就打电话给亮亮："喂，你好，请问一下亮亮在家吗?""我就是亮亮呀！你是哪位?"

"不是吧，才一夜不见，你都听不出我的声音了，我是小光，'小'就是'大小'的'小'，'光'就是'光明'的'光'，你忘了。我就坐在你后边，咱们班主任叫严勤。"小光说道。

亮亮一听，知道是谁了，就问道："小光，你有什么事吗?""我爸爸、妈妈上班去了，家里只剩下我一个人了，我一个人在家里，没有人陪我玩，我想找人玩，就想到了你，我想去你家，去那儿找你玩，不知道你现在方便吗?"小光依然啰唆地说道。亮亮虽然不大喜欢小光的啰唆，不过，还是蛮喜欢他的，就对小光说："好吧，我也一个人在家里没事干呢，你就过来吧。"

小光刚挂了电话，猛然又想起，不如让亮亮过来玩吧，就又给亮亮打电话："亮亮呀，还是你过来玩吧，我们家的房子比你家的大，这样，应该更自由一些，你看怎么样，我觉得，还是你过来比较好呀！"

亮亮说："不了，你过来吧，我一会儿还要给我家的金鱼

喂食，还要给我家的花儿浇水呢！"

小光挂了电话，正要去亮亮家，忽然，他又想起，得问问亮亮家里有什么好玩的，亮亮有点沉不住气啦，便说："你爱玩什么就玩什么吧，你怕我家里没有的，就自个儿从家里带过来吧！"

等小光收拾好一切到亮亮家的时候，已经快中午了。后来，啰唆的小光当然什么也没玩成。

从紧张和恐惧开始

艾伯特·威根从小就是个害羞的孩子，怕见生人，更不敢和生人说话。即使是家里人也很少听到他高声说话。上学以后，尽管经常和老师、同学在一起，接触的人很多，可是他的这些缺点一点儿都没有改变。

最让他感到紧张和恐惧的，莫过于走上讲台，对着大家作哪怕是只有五分钟的演讲。

上大学的时候，有一次老师让大家提前准备一下，第二个星期上课时进行演讲。那要命的一天一步步地逼近，艾伯特快吓出病来了。他一想到要站在讲台上对着那么多双眼睛说话，就感到头晕目眩，两颊发热。他怕见这么多人，怕讲得不好被人笑话。越这样想他越感到脸上发烫，趁别人不注意的时候，他偷偷地到教室的后面，把脸贴在冰凉的墙上，希望冷却那烫人的脸颊，平复紧张的心情。他鼓励自己说一定要坚持下去。

那一节课不可避免地到来了。很多同学都在台上潇洒自如地作了演讲，在他们看来，那是一件小得不能再小的事，快到艾伯特了，他越来越紧张。为了不让自己出丑，艾伯特仔细地牢记了他的演讲词开头的一句："亚当斯和杰弗逊不要重现。"心想只要背了，到时一定会说好的。轮到他了，他鼓足勇气走上讲台，抬起头看着下边。但是，他一看见一张张仰起的脸

没有人注定生下来就是做什么的，自然也没有天生的演讲家，其实我们每个人的智力，包括表达能力没有太大的区别，要敢于说话、敢于表达，克服害羞这个大障碍。

孔，一双双期待的眼睛，他的头就又开始发晕了，晕得他不知道自己在哪里。他努力想要说出第一句话，结果却说成了"亚当斯和杰弗逊已经去世"，然后他就说不下去了，只好低下头向大家鞠了一躬，在掌声中沉重地回到他的座位上。

这个时候，一个同学站起来说："哦，艾伯特，我们很遗憾听到这个悲哀的消息，不过我想我们会节哀顺变的。"一句话没有说完，全班已经哄堂大笑了。艾伯特羞愧难当，只想着如果当时地底下有洞，他立刻就会钻进去，一辈子也不想再出来了。

从那时候起，艾伯特就立志要克服害羞的缺点，通过努力的学习与锻炼，他终于成为一位著名的心理学家和演讲家。

感悟
ganwu

爸爸没有直接教育儿子要孝敬父母，而是借物喻理，用一个故事启发儿子，效果自然很好。表达需要技巧，通过讲故事来启发人是一个好办法。

父母是球

这天是周聪15岁的生日，爸爸妈妈特意买了一个大的生日蛋糕，再加上周聪的弟弟周明，一家四口围在桌子旁吃蛋糕。

正准备切蛋糕时，爸爸忽然问周聪："聪聪，过了今天你就又大了一岁了，你知不知道你们越来越大的同时，对父母来说意味着什么？"

"父母也越来越大了。"快嘴的周明抢先答道。

"不错。不过准确地说父母是越来越老了。"说到这里，爸爸沉吟了一下，说，"我给你们讲个故事吧。"两个人一听来了劲，连蛋糕也来不及吃，说："快讲吧，爸爸。"于是，爸爸讲起了下面的故事：

一对父母养了三个儿子和一个女儿。他们很疼爱自己的孩子。以前，孩子小的时候家里穷，他们宁愿自己饿着也要让孩子吃饱，两个人拼命挣钱让四个儿女接受教育，为此，父亲还偷偷地卖过血。后来，孩子们一个个都成家立业了，每个人都有了自己的事业，却把他们老两口丢到了一边，难得去看望他们一次。

这天是父亲的生日，老两口把儿女们都叫到跟前，想好好聚一下。席间，父亲说："以前你们小的时候，父母给你们吃的、穿的，那时候我们是篮球，你们几个人都争着抢；后来我们年纪大了，不能赚钱了，结果就成了排球，你们几个人你推给我，我推给你；到现在我们老了，需要你们照顾了，结果成了足球，你们几个人你踢给我，我踢给你。你们说，我说得对不对？"他这几句话，使儿女们听后羞愧难当。

讲到这里，爸爸笑着问兄弟两人："你们说，等爸爸、妈妈越来越老的时候，你们会把我们当什么球？"

两个人明白了爸爸的意思，周聪忙说道："爸爸、妈妈，你们养育了我们这么多年，我们一定会好好照顾你们、关心你们的，绝不会像他们一样。"

弟弟周明更机灵，他说道："爸爸，你放心吧，等你和妈妈年纪大的时候，你们就是我们的橄榄球，我们每个人都会紧紧抱住不放的。"

几个人顿时大笑起来。

学会鼓励他人

在亨利·福特的汽车事业刚刚开始的时候，年轻的福特就以他超人的智慧和眼光，历经辛苦，绘制出了一种新型发动机的草图。但在那个时代，绝大多数的业内人士都一致认为并坚信，电气车辆才是未来车辆的流行潮流。为此，企图改良汽车发动机的福特遭受了无数的白眼和嘲讽。得不到人们理解和支持的福特为此烦恼不已，几欲放弃。但一次晚宴上的幸遇，让他坚定了信心，并因此坚持下来，最终成为引领汽车行业前行的带头人。

在那次晚宴上，大名鼎鼎的大发明家爱迪生也应邀参加了。福特在餐桌上，向距离他最近的几位出席者，苦口婆心地详细讲解着自己的新发动机设想，但是他们对福特的新设想不屑一顾，对福特的发动机不感兴趣，时而交头接耳，时而嘲笑福特的异想天开。在此过程中，福特注意到，距离几把椅子以外的爱迪生也在侧耳倾听，并不断挪动椅子向他这边靠过来，最后，这位大发明家索性直接坐到福特身边，请福特画出他所设计的发动机的草图。

面对名满世界的大发明家，福特既紧张又兴奋，但他很快就镇定下来，匆匆几笔便画出了简略的发动机草图。爱迪生全神贯注地研究着这张草图，突然，爱迪生眼睛一亮，一拳重重地击在餐桌上，"年轻人——"大发明家显得格外兴奋，他双眼紧盯着草图，用异常坚定的语气对福特说，"就是它了，你已经得到它了!"

多年以后，功成名就的福特感慨万千地回忆道："爱迪生先生击在餐桌上的那重重一拳，对我而言，它的价值等同整个世界。"就这样，从1893年汽油机试验成功到1913年福特汽车公司开发出世界第一条汽车生产流水线，爱迪生的话影响了福特整整20年。

这就是鼓励的力量!

美国著名心理学家卡瑟拉博士，曾经颇有成效地帮助过许多人走出人生的低谷，步入生活的佳境。有人问道："卡瑟拉博士，你帮助别人，最倚重的是什么?"卡瑟拉博士毫无遮掩地公开了她的秘诀："我使用一种奇妙无比的方法，它具有一种神奇的力量，使我能够让哑巴讲出话来，让灰心失望的人展露笑容。接受我诊治的人，无论是精神分裂症患者还是正常人，这种力量都是我所知道的所有力量中最富效果的。我把这种力量叫做'真诚鼓励的力量'。"

善于运用这种力量的人，常常能通过简单的鼓励，而获得

感悟
g**anwu**

鼓励的力量是巨大而神奇的，它能使人感到生活的动力和做人的价值。有时候，一句鼓励的话或者一个认可的目光，都会对一个人产生巨大的鼓舞。特别对一个遭受人生挫折的人来说，别人的鼓励就像一把火炬，不仅会点燃奋进的希望之光，而且还可能改变其一生的命运。

最好的效果。一家马戏团花费巨资从德国进口了一只纯种名犬，这种犬非常聪明，再复杂的动作它也能很快掌握，是最佳的表演用犬，但它既任性又刁顽，还爱使性子。一位经验丰富的驯兽师负责驯服它，他恩威并施，食诱与皮鞭并用，都不能很好地驯服它。驯兽师非常困惑，在他手上，他曾经成功地调教出无数只表演动物，包括凶猛的老虎、强壮的大象，但面对这只名犬却束手无策。无奈的驯兽师只好向一位退休在家的老前辈请教，老前辈想了想说："在每次你准备动用皮鞋的时候，你不妨替之以爱怜的抚摸或鼓励似的轻拍，表示对它完成一个动作的赞赏。"等驯兽师按照这样的方法去做之后，这只名犬也成了马戏团最受欢迎的演员。

看来，真诚的鼓励确实是一种神奇的力量，让我们好好地利用一下这种力量吧，这并非一件特别困难的事情。比如，一个坚定的手势，一个肯定的眼神，一个温暖的拥抱，几句简短的话语，便已经足够了，它对一个人的影响的确会远远出乎你的意料。

·优孟哭马·

楚庄王十分爱马，特别是他最心爱的那几匹马，过着你想象不到的优越生活，甚至比人还要优越。你看：那几匹马住在豪华的厅堂里，身上披着美丽的锦缎，晚上睡在非常考究的床上，它们吃的是富有营养的枣肉，伺候那些马的人数竟是马的三倍。

由于这些马养尊处优，又不出去运动，因此其中有一匹马因为长得太肥而死去了。用现在的话说，大概是得了胆固醇高之类的病。这一下可真让楚庄王伤心极了，他要为这匹马举行隆重的葬礼。一是命令全体大臣向死马志哀，二是用高级的棺椁以安葬大夫的标准来葬马。大臣们实在难以接受这些过分

感悟
ganwu

优孟因势利导劝说楚庄王，收到良好的效果，这对我们学会说话也不无启发。

的决定，他们纷纷劝阻楚庄王不要这么做。可是楚庄王完全听不进去，还生气地传下命令说："谁要是再敢来劝阻我葬马，一律斩首不饶。"

优孟是个很有智慧的人，听说这件事后，他径直闯进宫去，见到楚庄王便大哭起来。楚庄王吃惊地问他："你为什么哭得这么伤心呀？"

优孟回答说："大王心爱的马死了，实在让人伤心，要知道那可是大王钟爱的马呀，怎么能只用大夫的葬礼来办理马的丧事呢？这实在太轻视了，应该用国君的葬礼才对啊。"

楚庄王问道："那你认为应怎样安排呢？"

优孟回答说："依我看，应该用美玉做马的棺材，再调动大批军队，发动全城百姓，为马建造高贵华丽的坟墓。到出丧那天，要让齐国、赵国的使节在前面开路；让韩国、魏国的使节护送灵柩。然后，还要追封死去的马为万户侯，为它建造祠庙，让马的灵魂长年接受封地百姓的供奉。这样，天下所有的人才会知道，原来大王是真正爱马胜过一切的。"

楚庄王顿时明白过来，非常惭愧地说："我是这样地重马轻人吗？我的过错可真的是不小呀！你看我该怎么办才好呢？"

优孟心中高兴了，趁着楚庄王省悟过来的机会，他俏皮地回答说："太好办了。我建议，以炉灶为椁，大铜锅为棺，放进花椒作料、生姜桂皮，把火烧得旺旺的，让马肉煮得香喷喷的，然后全部填进大家的肚子里就是了。"

一席话说得楚庄王也哈哈大笑起来。从此他改变了原来爱马的方式，把那些养在厅堂里的马全都交给将士们使用，那些马也得以经风雨、见世面，锻炼得强壮矫健。

改变一生的四个字

"真是蠢得一无是处！"大街上，一位母亲在恶狠狠地教训一个六七岁的小男孩，原因是那小孩走得离她远了些。这位母亲在说这些话时，嗓音大得足以让附近过往的行人都听得清清楚楚，而受到训斥的小男孩只好默默地回到母亲身边，低垂着头，眼睛死死地盯着地面。

这只是短暂的瞬间，然而有时候，正是这短暂的瞬间却会长久地在人们心头萦绕。有些话，也许只是说话人随口说出的，对他本人并不意味着什么，然而这些话对其他人，尤其是听话者，却往往能产生无尽的影响。"真是蠢得一无是处！"也许会长久地在听话人的耳边回荡。

我认识一个叫马尔克姆·戴尔凯夫的职业作家，现在已经48岁了，在过去的24年的作家生涯中，他取得了可喜的成绩。从他那里，我听到了一则关于他自己的真实的故事。

戴尔凯夫说，小时候他是个非常胆小害羞的孩子，几乎没有朋友，也没有信心，总觉得自己什么事也做不了。1965年10月的一天，他所在中学的英语老师——布劳斯太太给一班的同学布置了一道作业，她要求学生们去读哈波·李的小说，然后在小说的结尾处用自己的话续写一段文字。戴尔凯夫回家后认真完成了作业，然后交给了布劳斯太太。现在他已记不起当初他写的内容和布劳斯太太给他的分数了，但他仍清清楚楚记得，并且永远不会忘记布劳斯太太在他的作文本里的空白处写的那四个字——"写得很好！"

这四个字，改变了他的一生。

"在我读到那四个字之前，我一直不知道我自己是谁，也不知道将来我能做什么，"戴尔凯夫说，"直到读了布劳斯太太的评语，我才找到了信心。那天回到家后，我又写了一则小故事，这是我一直梦想着去做却不相信自己能做到的事情。"之后，在读书的业余时间，他又写了许多小故事，每一次他都把自己的作品带到学校，交给布劳斯太太。而布劳斯太太对这些

稚嫩的作品则给予了鼓舞人心的、严肃而又真诚的评价。"她所做的一切恰恰是当时的我所需要的。"戴尔凯夫说。

不久,他被学校的报纸任命为编辑,这使他信心倍增,同时视野也开阔了。由此,他开始了自己成功而又充实的一生。戴尔凯夫坚信,如果没有当初布劳斯太太在他的作文空白处写的那四个字,那么他现在所拥有的一切都不会发生。

在第30届中学同学聚会时,戴尔凯夫回到了当初所在的学校并且拜访了已经退休的布劳斯太太。他向布劳斯太太说了当初写的那四个字对他一生的影响:正是那四个字给了他信心和勇气,他才能成为一名出色的作家。他还告诉布劳斯太太,在他的办公室里,他曾经接待过一位年轻姑娘,这位姑娘每天学习到深夜就为了得到一张中学的学位证书。现在她拿着证书来到他面前,寻求他的帮助与建议,因为他是个出色的作家。他把自己从布劳斯太太那里得到的信心与勇气又传递给了这位姑娘,现在这位姑娘已经成为一名作家,并且成了他的妻子。

布劳斯太太被这个故事深深地打动了。戴尔凯夫说:"在那一刻,我想布劳斯太太同我一样意识到是她自己给予了我和我妻子深深的、永久的影响力。"

"真是蠢得一无是处!"

"写得很好!"

很简单的一句话,却往往能改变人的一生。

·公 鸡 蛋·

看到这个题目,你一定会问:"公鸡会下蛋吗?"是的,公鸡不会下蛋,至少现在是这样。可是在古代就有一个人想要得到公鸡蛋呢!

在战国时期,秦国有个左丞相叫甘茂。他对各门学问都很精通，做事又非常公正，是一个难得的贤相。可是因为经常直谏敢言，常常使秦王生气，所以秦王对他很不满意。

一次，秦王想修建一座大型的宫殿，甘茂立刻对秦王说："大王，为臣觉得现在我国还有许多工程要做，不宜修建宫殿。无论是人力还是财力，我们都支付不起啊。臣觉得这实在是劳民伤财之举，大王圣明，三思而行啊！"秦王一听，心里就不高兴了，可是甘茂说得有理，自己身为一国之君，在群臣面前怎么能对他发火呢？那样一来，不显得自己太不明智了吗？于是勉强说道："爱卿言之有理，孤收回成命。"虽然秦王不得不放弃了这一决定，却也对甘茂有了杀心。他知道甘茂没什么把柄可抓，就故意给他出了一道难题，要他在三天之内找到三个"公鸡蛋"（公鸡所生的蛋），否则依法治罪。

甘茂知道秦王是故意找麻烦，但王命难违，也只好硬着头皮接下来。他想这次恐怕是真的要掉脑袋了，因此茶饭不思。

甘茂有个孙子叫甘罗，虽说年纪小，却勤奋好学、聪明机智。他见爷爷愁眉不展，便去询问原因。等知道事情真相以后，小甘罗仔细思考了一下，对爷爷说，到时候愿意代他去见秦王。甘茂说："你不能去。这不是闹着玩的，弄不好就会引来杀身之祸！"小甘罗就说："我可以不去，但是爷爷您有应对之策吗？"甘茂没有办法，只好同意。

三天之后，到了该交"公鸡蛋"的时候，小甘罗独自去见秦王。

小甘罗先向秦王自我介绍说："我是左丞相的孙子，甘罗。"

秦王就问："你爷爷怎么不来呢？"

小甘罗回答说："请大王恕罪，我爷爷正在家里生孩子，来不了。"

秦王一听就生气了："胡说八道！男人怎么会生孩子！"

感悟
ganwu

聪明的甘罗利用秦王话语中不合逻辑、违反常理的弱点，以其人之道，还治其人之身，成功地使自己的爷爷摆脱了困境。

小甘罗镇静地说："既然男人不会生孩子，公鸡又怎么会生蛋呢？"

秦王被问得哑口无言，又想起甘茂平时的忠心，便对他不再追究了。

智改电文

1949 年，云南解放前夕，为了尽快推翻国民党的反动统治，许多进步的学生和老师都积极参加各种爱国民主运动。蒋介石秘密派遣特务头子沈醉率领大批军统特务窜至昆明，妄图以所谓"铁的手腕"来稳住大西南。沈醉指使着自己的手下残害进步学生并逮捕了 90 多名爱国民主人士，一时间这些民主人士的性命危在旦夕。

当时的云南省主席卢汉将军已经不满国民党的统治，正在准备起义，他想救下这些人，便急忙给蒋介石发了一封电报，为这批民主人士说情。蒋介石的回电是："情有可原，罪无可恕。"卢汉看完电文，知道蒋介石坚持要杀人，十分焦急。他把电文拿给准备和他一起起义的李根源先生看，说："先生快想想办法，救救这些人。"李根源看完电报以后沉思了一下，拿起笔把两句话的顺序改了一下，变成了："罪无可恕，情有可原。"

正准备把人杀掉的沈醉看过电文以后，以为蒋介石"恩威并举"，只是想吓唬一下人，达到争取民众的目的就行了，于是就把那 90 多个爱国民主人士全部放了。

后来，蒋介石知道了这件事，火冒三丈。他怀疑是秘书记错了自己的话，却又不敢肯定自己有没有把语序颠倒，因此只好骂几句完事。一场惨祸终于因李先生的机智而得以幸免。

"情有可原，罪无可恕"，这句话其实是转折关系，中间省

略了"虽然……但是……"，因此把话变成"罪无可恕，情有可原"时，意思就是说应该原谅这些人了。

·学会拒绝·

汤姆是一位图书推销商，也是一个成功的推销员，常常挨家挨户地推销他的图书。日积月累的经验教会他怎样把书卖给那些并不打算买书的人。他有一副好嗓子，音色浑厚，而且他说话也很讨人喜欢，常常逗得人们哈哈大笑。他知道在什么人面前，什么场合说什么样的话。他衣着干净整洁，穿着讲究，属于那种人们一见到就会立刻喜欢上的人。这一点他心里是十分清楚的，如果他敲开十户人家的门，有九户会被他说服而高高兴兴地买他的书。

今天，他来到一户人家推销。他左手拿着一大套书，右手推开大门，满脸堆笑地穿过花园小径，来到主人的房前。他摁了一下门铃，过了好一会儿，一位小姐开了门，满脸惊奇地看着他。他在最短的时间内对这个小姐作了评估，让他感到遗憾的是，这是一位未婚女子，因为她手上没戴戒指，但她也许有位弟弟或者表兄什么的喜欢读这类比较严肃的书籍。

"早上好，小姐，"他满脸是温和的笑容，"我想您也许有兴趣买一套《世界历史》。这套书一共有 12 本，我拿出其中的一本让您瞧瞧，里面的插图漂亮极了……"

"实在对不起，"她打断道，"我正在做饭，没闲工夫来谈论历史。我得马上回厨房看看。"不等他回答，她就把门重重地关上了。

这次谈话如此快就中断了，着实让汤姆大吃一惊。他不愿意这么早就被赶走，于是他绕着房子走了一圈，然后敲响了后门。开门的仍然是那位年轻的小姐。

感悟
ganwu

我们都会碰到需要拒绝别人的时候，但有时确实又不知如何拒绝。学会拒绝别人是很有必要的，这样可以节省自己大量的时间或金钱，可以避免许多不必要的麻烦。有时可以直接拒绝，有时可以委婉地拒绝。

"又是你!"她尖叫道。

"哦,"他说,"您刚才告诉我您在厨房忙得不可开交,所以我只好不嫌麻烦绕到后边来。也许您会让我坐在厨房里,然后您一边做饭一边听我讲这套优秀历史书的一些内容。这套书很重要,也很有用。如果您不买的话,会后悔的。"他咧开嘴一笑,露出雪白的牙齿来。

她"呀"了一声,然后说:"如果你愿意的话,可以进来坐在那边。"她指着那把椅子,又补充道:"但是,你会白费时间的。我对历史毫无兴趣,再说我也没钱买书。"

汤姆坐下来,把手中笨重的书小心翼翼地放在饭桌上。当然了,多售出一套书,就意味着他的利润也将增加一些,他有信心劝这位小姐买一本。当她在做饭时,他就用他那迷人的声音向她讲述着拥有这套书的所有好处,更没有忘记提醒她,这套书很便宜。

"想想看,小姐,在天气这样好的下午,您在您美丽的花园里,风吹起您的长发,您静静地读着这些睿智的文字,欣赏着精美的插图,那是多么美好的事啊!我一想到这些就激动不已,像您这样的小姐是该拥有这样的好书的。"

"等一等!"她突然打断他,随后离开了厨房。他听见她在屋里的什么地方开抽屉。不一会儿,她回到了厨房,手里拿着笔记本和铅笔。她放下手中的活,与他一块儿坐到了桌子边。

"请继续讲。"她说。

这下他更加有信心了,看她那么认真,一定会买一套的。汤姆的兴致更加高涨了,他又开始讲起来,她一边听,一边认真地记着笔记,中途还不时叫他把刚讲的重复一下。见她如此有兴趣,汤姆简直有点大喜过望。他又暗暗地思忖起来,其实劝人们买他们不想买的东西是多么容易啊!

最后,他结束了自己的谈话,合上书,问道:"您觉得怎

么样？您难道不认为买一套是明智之举？"

"哦，不！"她吃惊地说，"开始我就告诉过你，我对历史不感兴趣，当然不打算在一套历史书上花一些钞票。"随后，她打开后门，并作出一个请的姿势。

"但您为什么要做笔记呢？"汤姆问道。

"哦，"她回答道，"我弟弟与你是同行，他也是挨家挨户去推销他的书，但一点也不成功，所以我记下了你说的有些话。你太聪明了，我将把这些笔记拿给他看，他就明白了下一次去推销的时候该说些什么了，这样他也许会赚更多的钱。实在太感谢你了，我真高兴你今天能来。"

汤姆站在那儿，呆若木鸡。

· 抬　杠 ·

有位爱尔兰人，名叫欧·哈里，他受的教育不多，可是就是爱抬杠。

他当过人家的汽车司机，后来因为推销卡车不成功而来求助经理。经理听了他的诉说以后，发现他老是跟顾客争辩，如果对方挑剔他的车子，他立刻会涨红脸并大声强辩。欧·哈里承认，他在口头上赢得了不少的辩论但并没能赢得顾客。他后来对经理说："在走出人家的办公室时，我总是对自己说：'我算整了那混蛋一次。'我的确整了他一次。可是我什么都没能卖给他。"

经理的第一个难题不在于怎样教欧·哈里说话，经理着手要做的是训练他如何自制，避免口角。

欧·哈里后来成了纽约怀德汽车公司的明星推销员。他是怎么成功的呢？以下是他的推销策略。

"如果我现在走进顾客的办公室，而对方说：'什么？怀德卡车？不好，你要送我我都不要，我要的是何赛的卡车。'我会说：'老兄，何赛的货色的确不错，买他们的卡车绝错不了，何赛的车是优良产品。'

"这样他就无话可说了，没有抬杠的余地。如果他说何赛的车子最好，我说没错，他只有住嘴了。他总不能在我同意他的看法后，还说一下午的'何赛车子最好'吧！我们接着不再谈何赛，而我就开始介绍怀德的优点。

"当年若是听到他说那种话，我早就气得脸一阵红、一阵白了——我就会挑何赛的错，而我越挑剔别的车子不好，对方就越说它好。争辩越激烈，对方就越喜欢我竞争对手的产品。

"现在回忆起来，真不知道过去是怎么干推销的！以往我花了不少时间在抬杠上，现在我改变说法了，果然有效。"

再来看下面的这个故事。

第二次世界大战刚结束的一天晚上，卡尔在伦敦学到了一个极有价值的教训。

有一天晚上，卡尔参加一次宴会。宴席中，坐在卡尔右边的一位先生讲了一段幽默笑话，并引用了一句话，意思是"谋事在人，成事在天"。讲完以后，众人哈哈大笑，那位先生说那句话出自《圣经》。《圣经》？迈克马上意识到，他说错了。

为了表现出优越感，迈克一本正经地纠正他："先生，很抱歉，我要打断您一下，据我所知，这句话是莎士比亚老先生说过的，《圣经》里好像没有吧。"那人立刻反唇相讥："什么？出自莎士比亚？不可能，绝对不可能！那句话出自《圣经》。"他自信确实如此！

那位先生坐在卡尔的右首，卡尔的老朋友弗兰克·格蒙坐在卡尔的左首，他研究莎士比亚的著作已有多年。于是，他们俩都同意向格蒙请教。格蒙听了，在桌下踢了卡尔一下，然后说："卡尔，这位先生没说错，《圣经》里有这句话。"听了这

感悟 gǎnwù

如果一个人老是抬杠、反驳，也许偶尔能获胜，但那只是空洞的胜利，因为他永远得不到对方的好感，也就不会真正地获胜。天底下只有一种能在争论中获胜的方式，那就是避免无意义的争论。

些话，那位先生才不再说什么。

那晚回家路上，卡尔对格蒙说："弗兰克，你明明知道那句话出自莎士比亚。"

"是的，当然，"他回答，"《哈姆雷特》第五幕第二场。可是亲爱的卡尔，我们是宴会上的客人，为什么要证明他错了？那样会使他喜欢你吗？为什么不给他留点面子？他并没问你的意见啊！他不需要你的意见，为什么要跟他抬杠？应该永远避免跟人家正面冲突。"

· 卖帽子的故事 ·

杰弗逊是美国《独立宣言》的起草者，他在美洲殖民地为摆脱英国殖民统治的斗争中起了主导作用。后来，他当选为美国第三届总统。杰弗逊生于弗吉尼亚州，是一位威尔士后裔种植园主的儿子，他在步入政界以前就已经是一位颇有成就的律师了。在英国与其殖民地之间出现税务争端时，杰弗逊成为弗吉尼亚革命团体的领导人。随着危机的日益加剧，弗吉尼亚人选派杰弗逊赴费城参加了大陆会议，这次会议决定争取美洲独立。

18世纪70年代初，北美13个殖民地的代表齐聚一堂，协商脱离英国而独立的大事，并推举富兰克林、杰弗逊和亚当斯等人负责起草一个文件。于是，执笔的具体工作，就历史性地落到了才华横溢的杰弗逊头上。

杰弗逊年轻气盛，又文才过人，平素最不喜欢别人对他写的东西品头论足。他起草好《宣言》后，就直接把草案交给一个委员会审查。自己坐在会议室外，等待着回音。过了很久，也没听到结果，他等得有点不耐烦了，几次站起来又坐下去。老成持重的富兰克林就坐在他的旁边，唯恐这样下去会发生不

感悟 ganwu

在劝说别人时，采取直截了当的方式可能会引起对方的反感或抵触情绪；而如果改用委婉的方式，就可能达到春风化雨、潜移默化的效果。我们除了要注意劝说方式之外，还要讲究劝说的方法，这要根据对方的性格特点和自己所掌握的知识来决定。

愉快的事情，于是他拍拍杰弗逊的肩，给他讲了一位年轻朋友的故事。

故事是这样的：

有一位年轻人是个帽店学徒，三年学徒期满后，他决定自己办一个帽店。他觉得有一个醒目的招牌非常有必要，于是自己设计了一个，上写："约翰·汤普森帽店，制作和现金出售各式礼帽。"同时还画了一顶帽子附在下面。送做之前，他特意把草样拿给各位朋友看，请大家"提意见"。

第一个朋友看过后，就不客气地说，"帽店"一词后面的"出售各式礼帽"，语意重复，建议删去；第二位朋友则说，"制作"一词也可以省略，因为顾客并不关心帽子是谁制作的，只要质量好、式样称心，他们自然会买——于是，这个词也免了；第三位说，"现金"二字实在多余，因为本地市场一般习惯现金交易，不时兴赊销，顾客买你的帽子，毫无疑问会当场付现金的。这样删了几次以后，草样上就只剩下"约翰·汤普森出售各式礼帽"和那顶画的帽样了。

"出售各式礼帽?"最后一个朋友对剩下的词也不满意，"谁也不指望你白送给他，留那样的词有什么用?"他把"出售"画去了，提笔想了想，连"各式礼帽"也一并"斩"掉了。理由是"下面明明画了一顶帽子嘛"！

等帽店开张、招牌挂出来时，上面醒目地写着："约翰·汤普森"几个大字，下面是一个新颖的礼帽图样。来往顾客，看到后没有一个不称赞这个招牌做得好的。

听着这个故事，自负、焦躁的杰弗逊渐渐平静下来——他明白了老朋友的意思。结果，《宣言》草案经过众人的精心推敲、修改，更加完美，成了字字金石、万人传诵的不朽文献，对美国革命起了巨大的推动作用。

这是我的错

沃道夫是一家超级市场的收款员。有一天，他与一位中年妇女发生了争执。那位妇女执意说已经把50美元给了沃道夫，但沃道夫却坚持说没有看到。两个人争持不下。

"小伙子，我已将50美元交给您了。"中年妇女说。

"尊敬的女士，"沃道夫说，"我并没收到您给的50美元呀！"

中年妇女有点生气了。

沃道夫及时地说："我们超市有自动监视设备，我们一起去看看现场录像吧。这样，谁是谁非就很清楚了。"

中年妇女跟着他去了。录像表明：当中年妇女把50美元放到一张桌子上时，前面的一位顾客顺手牵羊给拿走了。而这一情况，中年妇女、沃道夫，还有超市保安人员都没注意到。

沃道夫说："我很同情您的遭遇。但按照法律规定，钱交到收款员手上时，我们才承担责任。现在，请您付款吧。"

中年妇女说话的声音有点颤抖："你们管理有欠缺，让我受到了屈辱，我不会再到这个让我倒霉的超市来了！"说完，她丢下刚买的东西，气冲冲地走了。

不久超市总经理吉拉德就获悉了这一事件，他当即作出了辞退沃道夫的决定。许多超市员工和部门经理都为沃道夫大鸣不平，有几个人还到经理那里为沃道夫求情，但吉拉德的意志很坚决。

沃道夫很委屈。吉拉德找他谈话："我知道你心里很不好受。我想请你回答几个问题：那位妇女做出此举是故意的吗？她是不是个无赖？"

沃道夫说："不是。"

吉拉德说："被我们超市人员当做一个无赖请到保安监视

当我们与别人发生争执时，如果都互不相让，事情不但很难解决，而且还会越闹越大。当出现问题时，我们不妨先作自我检讨，这种方法是一种奇妙的消除矛盾的调和剂，也是一种比较高明的处世手段。

室里看录像，是不是让她的自尊心受到了伤害？还有，她内心不快会不会向她的家人、朋友诉说？她的亲人、好友听到她的诉说后，会不会对我们的超市也产生反感心理？"

面对一系列提问，沃道夫都一再说"是"。

吉拉德说："那位中年妇女会不会再来我们超市购买商品？像我们这样的超市在纽约有很多，凡是知道那位中年妇女遭遇的，她的亲人会不会再来我们超市购买商品？"

沃道夫说："不会。"

"问题就在这里，"吉拉德递给沃道夫一个计算器，然后说，"据专家测算，每位顾客的身后大约有250名亲朋好友，而这些人又有同样多的各种关系。商家得罪一名顾客，将会失去几十名、数百名甚至更多的潜在顾客；而善待每一位顾客，则会产生同样大的正效应。假设一个人每周到商店里购买20美元的商品，那么，气走一个顾客，这个商店在一年之中会有多少损失呢？"

几分钟后，沃道夫就计算出了答案，他说："这个商店会失去几十万甚至上百万美元的生意。"

吉拉德说："这可不是个小数字。虽然只是理论测算，与实际运作有点出入，但任何一个高明的商家都不能不考虑这个问题。那位中年妇女被我们气走了，至今我们还不知道她姓甚名谁、家住哪里，因此无法向她赔礼道歉，挽回这一损失。为了教育超市营业人员善待每一位顾客，所以我作出了辞退你的决定。请你不要以为我的这一决定是在小题大做。"

沃道夫说："我不会这么认为，您的这一决定是对的。通过与您谈话，使我明白了您为什么要辞退我，我会拥护您的决定。可是我还有一个疑问，就是遇到这样的事件，我应该怎么去处理？"

吉拉德说："很简单，你只要改变一下说话方式就可以了。你可以这样说：'尊敬的女士，我忘了把您交给我的钱放到哪里去了，我们一起去看一下录像好吗?’你把‘过错’揽到你的身上，就不会伤害她的自尊心。在弄清楚事实真相后，你还应该安慰她、帮助她。要知道，我们是依赖顾客生存的商店而不是明辨是非的法庭呀！怎样与顾客打交道，是我们最重要的课题!”

沉默是金

日本东京的府立四中是一所名牌中学，以狠抓智育而出名。

有一个孩子，他在府立四中上学的时候，曾经作为后进生被分到“劣等生组”。这里全部是被学校认为不可救药的孩子，他们不爱学习，成绩很糟糕，经常结伙去干一些不好的事。他们抽烟喝酒，有许多不良的习惯。他们对学校十分不满，整天想着如何在学校里造反。

有一天，这个孩子和“劣等生组”的几个同学，进行了一起“破坏学校”的事件：他们在军训课之后，用军训的步枪当棍棒，把学校里一间进行礼节教学的教室，从拉门到玻璃全部毁坏。现在看上去，教室的样子非常狼狈可怕。

这件事闹得非常大，当这个孩子冷静下来后，感到自己闯下了大祸，他作好了退学的思想准备。

当他垂头丧气地走回家，坐在母亲面前，硬着头皮等着挨骂的时候，母亲却没有骂他。

母亲说：“已经做了错事，再后悔也没有用。对这件事，你可能有自己的想法，我不想再说什么了。只是，恐怕你不能再上学了，今后怎么办？你要好好想一想。”

出乎他的意料，母亲没有指责他，只是说了这样一句话。但这句话却比任何严厉的训斥都更能打动这个孩子，他流下了

感悟 gǎnwu

当一个人犯了大错误时，若他自己在别人提出批评之前，已进行了反省，而我们仍抓住不放，严加申斥，往往只能是火上浇油，他或许会对我们记恨在心，甚至伺机反击。这时，我们若保持沉默、不加指责，往往会更有效。

悔恨的泪水。当晚，他在日记里写道："今后无论怎样，决不再做让母亲为难的事情。"

后来，这个孩子用心读书，不再在学校胡闹，终于成为日本杰出的教育家。

·找出心理防线·

　　想说服别人，如果没有让对方信服的理由，讲再多的话也是白费心机。我们只有晓之以理，动之以情，站在对方的立场上，多为对方考虑，才能找出使对方信服的理由，才能攻破对方的心理防线。

　　推销员原一平被称做"推销之神"，他有着惊人的说话技巧。有一次，他去拜访一位退役军人。军人有军人的脾气，说一不二，刚正而固执。如果没有让他信服的理由，讲再多的话也是白费心机。所以，原一平没有拐弯抹角，而是直截了当地对他说："保险是必需品，人人不可缺少。"

　　军人固执地说："年轻人的确需要保险，我就不同了，不但老了，还没有子女。所以不需要保险。"

　　"您这种观念有偏差，就是因为您没有子女，我才热心地劝您参加保险。"原一平的声音和速度仍然没有改变，脸上带着他一贯的笑容。

　　"道理何在呢？"老军人刨根问底。

　　"没有什么特别的理由。"

　　原一平的答复出乎军人的意料，他露出诧异的神情。

　　"哼，要是你能说出令我信服的理由，我就投保。"

　　原一平故意压低音调说："我常听人说，为人妻者，没有子女承欢膝下，乃人生最寂寞之事，可是，单单责怪妻子不能生育，这是不公平的。既然是夫妻，理应由两个人一起负责。所以，当丈夫的，应当好好善待妻子才对。尤其是晚年，两个人也许不能一起走到生命的尽头，那么就要为对方多考虑一些，这才是男子汉所为，您说呢？"

　　原一平接着说："如果有儿女的话，即使丈夫去世，儿女

还能安慰伤心的母亲，并担起赡养的责任。一个没有儿女的妇人，一旦丈夫去世，留给她的恐怕只有不安与忧愁吧，您刚刚说没有子女所以不用投保，如果您有个万一，请问尊夫人怎么办？您赞成年轻人投保，其实年轻的寡妇还有再嫁的机会，您的情形就不同了。我想失去了爱她的人，她又没有生活来源，您说她会怎么办？那种情形，我想不是您所想看到的吧。"

老军人不做声了，一会儿，他点点头，说："你讲的有道理，好！我投保。"

真正让人信服的理由，是为他的家人考虑：如果不投保，万一他不在了，就没有人来照顾全家老少了。

合理地拒绝

詹姆斯是一个乐于助人的老好人，对于邻居朋友的请求，他总是不遗余力地去做，这为他赢得了很好的声誉。当然那些邻居对他也很好，经常给单身的他做一些家常菜。你可以随时看到他忙碌的身影，一会儿他在帮露西小姐修理电脑，一会儿他又搬着一些蔬菜到五楼那个孤老头家里去了。可是这几天他明显有些睡眠不足，他有太多的事情要做。可是，当邻居海伦请他过去帮忙弄一下电脑时，他几乎是习以为常地说："OK！"

派特请他帮忙将电子琴抬到楼下时，他说："Yes！马上到。"

哈瑞叫他帮忙照看一下自己的小孩时，他说："可以。"

玛瑞安要他为她的派对做张海报时，他说："没问题！"

他的特点是几乎从不说"不"，而别克在这方面的风格习惯却与詹姆斯大不相同。

早上，露茜阿姨打电话来，问别克能不能陪她一起去看"索斯比"拍卖中国的古董。别克说："不！我对这方面不是很

感悟
gǎnwù

有许多人为怎样拒绝别人而伤透脑筋，他们或是不敢，或是不好意思，或确实是不知该如何拒绝。其实，拒绝别人很简单，只需要说出一个合理的理由就可以——哪怕这个理由是个善意的谎言。

了解，恐怕很难给您提出中肯的建议。"

中午，社区报纸打电话，问别克能不能为他们的征文颁奖。别克说："不！恐怕我不太合适。"

下午，圣若望大学的学生打电话来，问他能不能参加周末的餐会。他说："不！我的身体不允许我这么做。"

晚上，《华盛顿晚报》传真过来，问别克能不能写个专栏。他说："不！等以后有机会再写吧。"

当詹姆斯说四个"是"的时候，别克说了四个"不"。

你或许要认为，别克有点不近人情，可当事人并没有这种感觉。因为，他很讲究方式和技巧。当他说第一个"不"时，同时告诉了她："下次拍卖古董，我会去。至于今天，因为我对家具、器物、玉石的了解不多，很难提出好的建议。"

当别克说第二个"不"时，他说："因为我已经做了评审，贵报最近又在连着刊登我的新闻，且在一篇有关座谈会的报道中赞美我，而批评了别人。如果再去颁奖，怕要引人猜测，显得有失客观。"

当他说第三个"不"时，他说："因为近来有坐骨神经痛之苦，必须在硬椅子上直挺挺地坐着，像是挨罚一般，而且不耐久坐，为免煞风景，以后再找机会。"

当他说第四个"不"时，他以传真告诉对方："最近刚刚寄出一篇文章，专栏等以后有空再写。"

别克说了"不"，但是说得委婉。他确实拒绝了，但拒绝得有理。因此他能够取得对方的谅解，自己也落得清闲，而不像詹姆斯那样使自己睡眠不足。

怎样说才好

一位木匠师傅带了徒弟几个月后，徒弟出山了。

第一个月，一个中年人抱怨椅子做得大了，徒弟无言以对，师傅忙解释："椅子大了，您不仅坐着舒服，放在客厅，也显得大方。"中年人听了高兴而去。

第二个月，来了个青年人，他瞧了瞧，说："这椅子是不是小了点儿？"徒弟无语，师傅微微一笑："这样一是替您节约成本，再者小而精致，可以起点缀作用。"青年满意地笑了。

第三个月，徒弟小心谨慎，吸取了前两次的经验，尽量将活做得无可挑剔。谁知农民来了埋怨做工时间太长，徒弟一脸无奈，师傅走过来说："为您，我们拿出了自己最好的技术，不过欲速则不达，慢工才能出细活，为了您满意，我们尽心尽力。"农民听罢，怒气全消，满意而归。

第四个月，徒弟小心谨慎的同时加快了速度。第四个客人是个商人，他感叹做工太快。师傅又一次兴奋地说："我们不愿意浪费您的时间，对您来说，时间就是金钱，所以我们速战速决。"

第五个月，徒弟迷惑地问师傅："您为什么处处为我辩解？"

师傅顿了顿道："凡事都有两面性，就如同出门，如果向左走是一死胡同，向右走也许能走出阳光大道。无论我说什么，都是为了顾客满意，更是为了鼓励你、激励你、教育你！"

从此以后，徒弟不仅钻研技术，使技术精益求精，为人处世更是游刃有余，生意蒸蒸日上！

师傅的几句话化解了顾客的不满，温暖了徒弟的心。无论他说什么，关键在于他满足了他们的心理需要，梳理了人际关系。无论我们在哪儿，无论对谁，尽量多给别人一些愉悦和满足，给周围的人制造一些宽松的环境，你就会有意想不到的收获。所以，如果向左走不通，请向右走！

· 高 帽 子 ·

给别人戴"高帽子"时，一定要根据"帽子"的合适与否随时调整自己的赞美词。"帽子"戴得合适，当然对双方都有利，如果不合适，就会适得其反。有时，就需要调整自己的赞美词语，让对方以为"帽子"是合适的。也就是说，戴"高帽子"要随机应变，才能达到效果。

美国著名作家马克·吐温，在他的小说《傻子出国记》中，用第一人称的手法，描写一个售货员向顾客推销产品的精彩一幕：

我和船上的外科大夫，在轮船抵达直布罗陀后，上岸去附近购买当年出产的羊皮手套。百货店里有位非常漂亮的小姐，她递给我一副蓝手套，我没有戴过蓝的，但是她却说，像我这样的手，戴上蓝手套才是最合适的。

听她这么一说，我立刻动了心。于是，我偷偷地看了一下自己的手，也不知是怎么回事，我越看，就越觉得自己戴蓝手套好看。我把左手伸进了手套，感觉到脸上有些发烫，我想，糟了，这个手套的尺寸太小，我戴不上。

"啊，正好！"正在这时，那天使般的声音又响了起来。

我听了这话，顿时心花怒放。其实，我心里知道，事实根本不是这个样子的，我用力一拉，可真叫人扫兴，竟没戴上。

"哟，我瞧您肯定是戴惯了羊皮手套！"她微笑着说，"不像有些先生，笨手笨脚的。"

这句恭维话真让我心里乐开了花，我什么也不管了，只一个劲地戴那只被这位美丽的姑娘不住地称赞的手套。我再使一下劲，不料手套从拇指根一直裂到手掌心去了。我拼命地想遮掩这条该死的裂缝，她却在一旁不住地大加赞赏。我决定了，一定要把这只"可爱"的手套戴上，因为我决定要做一个识抬举的人。

"哟，您真有经验。"（此时，手背上也开了白）小姐微笑着说，并且你不得不承认，她说得非常诚恳。我在想，要达到这样的地步，是需要一定的功力的。

"您瞧，"她看着我的手，目光中满是喜悦，"这副手套对您来说正合适，您的手真细巧。如果绷坏了，您可以不用付钱。"其实，横里也不甘示弱地绽开了。

那位天使还在说："我一向看得出来，这副手套适合什么样的先生。"而此时，按照水手的说法，这副手套的后卫都溜走了，指节那儿的羊皮也裂穿了，一副手套只剩下叫人看了好不伤心的一堆破烂。

我头上给戴了十七八顶高帽子，没脸声张，不敢把手套扔回这位天仙的纤手里去，我浑身热辣辣的，又是狼狈，可心里还是一团高兴：恨只恨那两位仁兄居然兴致勃勃地看着我出洋相，巴不得他们都见鬼去。我心里真有说不出的害臊，表面上却开开心心地说："这副手套真好，恰恰合手，我喜欢合手的手套。不，不要紧，还有一只手套，我到街上去戴，店里头真热。"

"店里真热，我从来没有到过这么热的地方。"我付了钱，好不潇洒地鞠了一躬，走出店堂。我此时有口难言，好不尴尬地走出了这条街。然后，趁着没人的时候，我赶忙将这一堆破烂扔进了垃圾箱。

·温 情 苹 果·

丁字路口处有个水果摊，摊主是位面色黝黑的中年妇女。她的小摊出售各种各样的时令水果，葡萄、西瓜、哈密瓜、火龙果……像苹果、梨这种北方常见的水果更是没有断过。她的苹果个个光洁圆润、甜脆可口，熬夜时吃上一个既解渴又压饿，何况价格公道又便宜，因此我每次路过时总要捎上几个。

一个黄昏，我再次光顾她的小摊。当她正麻利地为我称着苹果时，一个背着书包的男孩儿闪进了她的视野。她赶紧撂下正称着的苹果，从筐里胡乱地抓起一个，往衣袖上蹭几下便猛地咬下一口。这一切都在几秒钟内发生，她这番举动因忙乱、突然而显得十分滑稽可笑。

"着急什么，苹果反正是你的，啥时候吃不行？"我很是不理解。

她顾不上我，而是忙着和那个低着头即将扬长而去的男孩儿搭讪说："小文，俺忙着做生意，这只苹果你替俺吃了吧！"

男孩儿回过头，圆圆的脸微微红了一下，细细端详一下她手中的苹果才满心欢喜地接了过去。苹果在他嘴中脆脆地响，更有红晕浮上他的面庞，像个红扑扑的苹果，他一边吃着苹果，一边甩着书包跑开了……

"他是谁？"我好奇地问。

"咳，这孩子命苦哇！爸妈都不在了，跟瞎眼的奶奶一起生活。他妈在时，常带他到我摊上买苹果。"她抹了一下眼角，"每次见他放学路过摊子，不自然地瞟一眼筐里的苹果，我的心就一阵阵地酸，没妈的孩子，不容易啊……"

"那你为什么要在苹果上咬一口？"我迷惑不解。

"你不知道，这孩子自尊心很强，有一次我拿给他一个苹果，他怎么也不肯要。从那时起，我不是拣有虫眼卖不出去的给他，就是稍处理一下再给他，这样他才能吃得心安理得……"

啊，原来是这样，我的心中涌动着一股温情，没想到这个中年妇女，竟有这般美好的心灵。从此，我更加喜欢买她的苹果了，这是温情的苹果啊！

感悟
gǎnwu

善良的中年妇女用行动维护着贫穷男孩的尊严，表达着对男孩的关怀和体贴，传递着人世间的温情。不伤害别人尊严的关心方式，才是真正的关心。

第 1 章
找到记忆的窍门

记忆是我们心上的门，时光让它逐渐变成一座仓库，里面储藏着童年的欢笑、少年的烦恼、青年的蓬勃……岁月变迁中，有些事如被风沙覆盖，逐渐淡去，有一些怎么也忘不掉。当我们努力想回想起什么，却看到朦胧的云雾，怎么也想不起来。于是我们想：如果我们能够增强记忆，如果我们能够选择记忆，如果我们有一把永不生锈的金钥匙……

睡觉也能学英语

感悟
gǎnwù

在不知不觉中，我们的脑子会记住一些好像耳朵并没有听到的东西，有时无意识的记忆会记得更牢。在记单词方面，这不失为一个好方法。

睡觉也能学英语，不是在做梦吧。这是真的，我们每个人都能做到的。

一位妈妈有一回听到女儿叹息道："现在我们还得学习英语。这么多的单词可怎么学呀？"

"你学英语了？"妈妈问道，"把你的英语书给我用一天，我也想学英语。"

妈妈把女儿正在学习的那一课的单词录到了录音带上。晚上她在女儿入睡后，小声地放了几遍录了英语单词的录音带。这时，女儿听到了，她对妈妈说："妈妈，怎么你也学英语了？"说完，女儿翻了个身又继续睡觉了。妈妈没有说话，接着播放那些单词，慢慢地，女儿进入了梦乡。

第二天，女儿发现在老师讲解这些单词时，她只要有意识地听一遍这些单词就能够立刻而且持久地记住它们了。

己、已、巳

感悟
gǎnwù

有时我们为了记住相似的内容可把它们进行比较，找出它们的共同点和不同点，这样通过比较来记忆，记起来就牢固多了。

中国的汉字就像是一个个小精灵，每个都有自己的生命，仔细看每个字，每个字都会告诉你不同的含义。当然许多形近字、同音字也成了很多人理解的难点。

在语文课上，老师在黑板上写下了"己、已、巳"三个字，要求同学们在五分钟内查出每个字的意思并记住这三个字。他说："这三个字可以说是一家之中的三个兄弟，现在我要求同学们在五分钟内查出每个字的意思并记住这三个字。"五分钟后，老师果然擦掉了这三个字，并叫同学起来回答自己是怎样记忆的。

但是，大部分同学还没有完全记住，有些同学虽然记住了，但也是靠死记硬背的。这时候，老师叫到了凯凯，凯凯说："'己'是自己的'己'，'已'是已经的'已'，'巳'是干支次序表中的'巳'。记忆的时候，我比较了一下这三个字，发现三个字的外形很像，但是它们的不同之处就在封口上，于是，我就记忆为'不封口为己，半封口为已，全封口为巳'。"

听了凯凯的回答，同学们鼓起了掌，因为这样记真的很快就记住了。老师非常高兴。

他用什么妙计

从前有个爱喝酒的私塾先生在一个山清水秀的村子里教书。他每天教一些年龄不一又很顽皮的村童，觉得很无聊，就经常去山上找一个老和尚饮酒。一天，先生给学生们布置了一道题目，他要求学生们在放学前把圆周率背到小数点后 30 位，如果背不出来，就不准回家。先生说完，就在黑板上写下了一串长长的数字，然后就出门了。

学生们眼睁睁地望着这一长串数字：3.141 592 653 589 793 238 462 643 383 279，个个愁眉苦脸。但是想到背不出就不准回家，大部分学生就摇头晃脑地背起来，还有一些顽皮的学生揣好题单，溜出私塾，跑上后山去玩。忽然，他们发现先生正与一个和尚在山顶的凉亭里饮酒作乐，他们怕被老师发现，就扮着鬼脸，钻进了林子。

夕阳西下，老师酒足饭饱，回来考学生。那些死记硬背的学生结结巴巴、张冠李戴，而那些顽皮的学生却背得清脆圆顺，丝毫不差，先生觉得非常奇怪。

原来，有一个学生在林子里看到先生时，灵机一动就把要背诵的数字编成了谐音咒语："山巅一寺一壶酒（3.14159），尔乐苦煞吾（26535），把酒吃（897），酒杀尔（932），杀不死（384），遛尔遛死（6264），扇扇刮（338），扇耳吃酒

谐音是记忆的窍门。在记忆过程中，我们可以把某些零散的、枯燥的、无意义的识记材料进行谐音处理，以形成新奇有趣、富有意义的语句，这样就容易记住了。例如，马克思出生和去世年代分别为"1818 年"和"1883 年"，可运用谐音记做："一爬一爬，一爬爬山。"$\sqrt{2}$＝1.414 21，可记做："意思意思而已。"

(3279)。"他一边念，一边还指着山顶做喝酒、摔死、遛弯、扇耳光的动作，念叨了几遍，终于都把它记住了。他把这个方法传给其他同学，这些孩子就都会背了。当老师知道了真相后，气得胡子都翘起来了，但是也只好眼睁睁地让他们回家了。

·密码是什么·

哈莉是第一次世界大战期间著名的女间谍，她是个集美貌、大胆、风流、聪明于一身的美女。这些优点恰恰被德国间谍机关看中。于是，她成为了德国的间谍，代号为H—21，多次在法国的外交官和高级将领中刺探情报。据说，她使联军损失了10万人，1917年被法国军事法庭处死。

一次，法国莫尔根将军见到了美丽的哈莉，并对她一见倾心，于是就让她住到自己的家里。原来，哈莉住在这里也是有目的的，她要得到一份机密文件。慢慢地，哈莉弄清了将军的机密文件放在书房的秘密金库里，于是，经常在莫尔根将军熟睡以后开始活动。但是，非常困难的是，将军的金库用的锁是拨号盘，必须拨对了号码，金库的门才能开启，她想，将军年纪大了，事情又多，近来特别健忘，也许他会把密码记在笔记本里或其他什么地方。但是，哈莉经过多次寻找都没有着落。

一天夜晚，她用放有安眠药的酒灌醉了莫尔根，蹑手蹑脚地走进书房。金库的门就嵌在一幅油画后面的墙壁上，拨号盘号码是6位数。哈莉从1到9逐一通过组合来转动拨号盘，都没有成功，她的手指都要拨断了。眼看快要天亮了，她感到有些绝望。忽然，墙上的挂钟引起了她的注意，她到书房的时间是深夜2时，而挂钟的指针指的却是9时35分15秒。眼看天要亮了，为什么它还停留在那个时刻呢？这很可能就是拨号盘上的秘密号码，否则挂钟为什么不走呢？但是9时35分15秒应为 93515，只有五位数。哈莉再想，如果把它译解为 21 时 35 分 15 秒，岂不是 213515。她随即按照这 6 个数字转动拨号盘，金库的门果然开了。

原来，莫尔根年老健忘，他怕自己忘记，就利用编码法记忆这 6 个数字，只要一看到挂钟上指针的刻度，便能推想出密码，而别人绝不会觉察。可是他的对手是受过专门训练的老手，她以同样的思维识破了机关。

· 诗歌的妙用 ·

周恩来总理是个记忆力极强的人，他对我国的省、市、自治区的情况极为熟悉。能够一口气把全国的省市都背下来，他是怎么做到的呢？原来这里还有一个小窍门呢。

周恩来当年曾把全国三十个省、市、自治区编成这样的歌诀：

> "两湖两广两河山，
> 三江云贵吉福安，
> 双宁四台天北上，
> 新西黑蒙青陕甘。"

其中，第一句指湖南、湖北、广东、广西、河南、河北、山东、山西；第二句指江苏、浙江、江西、云南、贵州、吉林、福建、安徽；第三句指宁夏、辽宁、四川、台湾、天津、北京、上海；第四句指新疆、西藏、黑龙江、内蒙古、青海、陕西、甘肃。

这样就把三十多个没有规律的省市联系在了一起，在背的时候只要理解着去背就可以了。

·理 解 万 岁·

伟大的俄国革命家、政治家、理论家、苏联创建者列宁是一个随时随地都在学习的人。

有一次，列宁去一个远离莫斯科的城市视察工作。在火车上，列宁带了好几本厚厚的书，并专心致志地看着，周围嘈杂的环境对他没有产生任何影响。这时，坐在列宁对面的一位同志问道：

"这么多书，您看完之后记得住吗?"

列宁说："当然可以记住，不相信您可以提问。"

列宁把书递给了对面的同志，那人真的拿起书来向列宁提问。结果，列宁居然全部答对了。

"简直是超人的记忆力啊!"那位同志敬佩地夸奖起来。

没想到列宁笑呵呵地说："也没什么。这种阅读我已经习惯了，学习总要抽空才行的嘛。要想记住，首先要理解，理解的东西，才能记住，死记硬背不仅耽误时间，还不会让人灵活运用。"

曾经有两位哲学讲师作过这样的比较，他们背诵了席勒的诗和洛克的哲学论文，结果对于抽象的哲学论文的记忆效果反而比诗歌记忆效果要好得多。原因就是他们是哲学讲师，对洛克的哲学论文有较好的理解。

·兴趣是最好的老师·

有位教师为了让学生明白"笑嘻嘻"和"笑哈哈"的不同，故意在讲课时露出笑嘻嘻的表情，然后问学生："你们学生很努力，老师很高兴，你们看老师的表情是怎样的?"

学生们都觉得很好玩，就说："老师笑嘻嘻的。"说这些时，学生们也都把嘴咧开，笑嘻嘻的。

老师看学生们高兴的样子，哈哈笑了起来："老师说你们学习努力，你们很高兴吧？"

学生们回答："是的。"

老师又问："那老师刚才的表情是怎样的？"

学生们说："笑哈哈的，老师都高兴得笑出了声。"

"是的，老师真的很高兴有你们这样努力学习的学生。"老师接着问，"那么笑嘻嘻和笑哈哈有什么区别呢？"

一位学生回答："笑嘻嘻是咧着嘴笑，主要是表现在脸上，并不发出笑声；而笑哈哈就是高兴得笑出声来。"

老师高兴地说："对了，笑有很多种，每种都表达不同的意思，不同的人要用不同的词语来修饰。"同学们果然很快学会了描写人物的不同的笑。以此类推，这位老师无论讲什么，都从学生的兴趣入手，即使很枯燥的东西学生也能很快接受了。

后来，学生们在写作方面明显有进步了，尤其是遣词造句方面个个都是能手，记起别的东西来也特别快。学生们都说是老师的功劳，是老师激发了他们的兴趣。

你身上的计算器

小旺正在上小学的弟弟在背诵九九乘法表，"一一得一，一二得二……一九得九，二九十九……"哈哈，听到这里，小旺不禁笑了起来，"你背错了。"

"错了？"弟弟嘟囔了一句，又重新开始，可是又背错了。看着弟弟着急的样子，小旺说："我来教你一个好办法吧，我们来用计算器。"弟弟诧异地问："计算器，在哪儿呢？"小旺笑笑："你的手就是一架最简单的计算器啊！"

手怎么能代替计算器呢？你会吗？看，小旺在教弟弟呢。

小旺请弟弟将两手伸出来，十个手指，从左到右为1、2、3、4……10。如果要算某个位数乘9，只要弯曲起相应的手指，此手指左面的手指数目就是积的十位数，右面的手指数目为个位数。例如7×9，弯起第7个手指，此时它左面的6个手指代表60，右面的3个手指代表3，所以7×9的积就是63。

弟弟试了试，真好，很快就把9的口诀记牢了，同学们，你也试试吧！

· 怎样看书才好 ·

宋朝有个陈正之很喜欢看书，他有一个突出的特点，就是看书的速度特别快。每次他一看到一本书，就拿起来读，不用多长时间就看完了，别人都很羡慕他。

虽然陈正之读了很多书，花费了很多时间和精力，但是，当人家问到书中的内容时，他往往答不上来，读的书一点都没有印象。于是他非常苦恼，总想找到一个过目不忘的好方法。

有一天，他遇到了当时著名的学者朱熹，就向朱熹请教，当朱熹听了他介绍自己读书的过程后，对他说：

"读书不要只图快，要用脑子想，用心记！"

陈正之接受了朱熹的劝告，每读完一段，就想想这段文字讲了什么，有什么要点，并留心把重要的内容记住。后来，陈正之终于成了一个有学识的人。

· 五万人的名字 ·

吉姆十岁那年，父亲意外丧生，由于家境贫寒，他不得不很早就辍学，到砖厂打工赚钱，贴补家用。虽然他没有机会接受正统教育，但是后来却当上了美国邮政总局局长和民主党全国委员会主席。

曾经有人问他成功的秘诀，吉姆坦言自己除了努力工作以外，还有着惊人的记忆力，能叫出五万人的名字。这让很多人都难以置信，那么吉姆是怎么记住这么多人的名字的呢？

原来，他摸索出了一套快速而又准确地记住陌生人名字的方法。每次刚认识一个人时，吉姆都会先弄清他的全名、他的家庭状况、他所从事的工作，以及他的政治立场，然后将这些资料记在备忘录上，过些日子就翻阅一遍，反复加强记忆，直到将这些信息熟记于心。这样，当他下一次再见到这个人时，不管隔了多少年，都能迎上前去，同他嘘寒问暖一番了。所以，吉姆运用这种方法，叫出五万人的名字，也就不足为奇了。

· 别让耳朵闲下来 ·

有一位医生为了通过医士的考试必须要掌握大约 80 种传染病，要能详细地描述这些传染病的病症，还要在诊断上区分这些病症，这些都是容不得半点马虎的。参加考试的人即使不用一年的时间，也需要用几个月的时间来记住它们。

这位医生花了大量的时间来记这些内容，他把它们进行分类整理，然后又做成小纸条，但是，他发现这种记忆方法实在太慢太不保险了。一天，他忽然想到一个好主意："我把这些传染病的描述浓缩到很短，把它们录在一个录音带上。然后把这个录音带播放一个礼拜。"

他想到就做，录制了一个长 68 分钟的录音带，录完后，不论白天还是晚上，无论是吃饭还是刷牙，他一再地重复播放录音带。结果，他很轻松地通过了考试，而且能够完全回忆起所有的传染病信息。

感悟
ganwu

吉姆能够记住五万人的名字，是因为他懂得通过联想、反复等方法，帮助自己加强记忆。如果我们想像吉姆一样，拥有惊人的记忆力，取得骄人的成绩，就应该学会灵活利用多种记忆方法。

感悟
ganwu

借助录音机让它在我们耳边不停地播放，即使我们在做别的事，我们的潜意识也在"收听"，记单词、背课文都可用这种方法。

·"爱因斯坦"原来是司机·

感悟
ganwu

重复是学习之母。不重复，记住的知识就会慢慢遗忘。重复记忆的最大特点就是反复记忆，舍得下工夫。每重复一次就可以把前后的内容串联起来，理解也就更透彻了。重复记忆不等于死记硬背，我们必须注意劳逸结合，科学用脑，这样才能最大限度地开发记忆潜能。

爱因斯坦是20世纪最伟大的科学家。自从他的《相对论》问世后，各大学纷纷请他作学术报告，爱因斯坦整天奔波于各个大学之间，十分疲劳。

有一次，爱因斯坦的司机说：

"教授，你太累了，下次让我代你去做吧！我听了那么多次你的演讲，你讲的那些东西我都能背出来。"

爱因斯坦很看重人才，他想给那个年轻人一次机会，便欣然同意："好极了！下次就让你去，你扮做我替我演讲吧，我扮做你的司机，坐在台下休息。"

果然，司机在台上讲得头头是道，把爱因斯坦讲过的内容一句不差地背了出来，博得了观众热烈的掌声，爱因斯坦暗暗佩服司机的记忆能力。

报告终于结束了。这时，一位教授向台上的"爱因斯坦"提出一个复杂的问题。"爱因斯坦"顿时傻了眼，这个问题他可从来没有听爱因斯坦讲过呀，但是，他灵机一动，对这位教授说：

"这个问题太简单了，我的司机就可以回答您的问题。"

他把坐在台下的真爱因斯坦叫上台来，代他回答了问题。真爱因斯坦从容地回答了这位教授的问题。这时候，学生们都惊叹地说：

"想不到爱因斯坦博士的司机也如此有学问啊！"

司机因此更加敬佩爱因斯坦。在归途中，司机对他说："事实证明，我只能当司机，而你才是真正的科学家。"

燕子的记忆

一百多年前，在美国加利福尼亚南部一个名叫圣胡安·卡比斯特莱诺的小城镇，有一个令人惊奇的景观。每年3月19日，前一年冬天从这儿南飞九千多千米，到阿根廷避寒的燕子总会准时飞回来，而且还会找到它们往年的旧居，在那里居住下来。从来没有发生过燕子住错屋子的情况。有人做过实验，在一只燕子腿上系了一条结实的布条，第二年那只燕子又准确无误地飞回自己的旧居，重新装修自己的家，准备养育后代。这一现象引起了人们的极大兴趣。每年这一天，总会有许多旅游者、科研人员等来观看这个奇观。

1983年3月19日，天还没亮，小镇的广场上已经挤满了人，人们耐心地等待着燕子的归来。果然，不远处传来一阵声音，这声音越来越近。成千上万只燕子铺天盖地飞抵了圣胡安·卡比斯特莱诺。这时，古老的教堂响起了钟声，人们竞相欢呼。

这是因为燕子有很强的导向能力，它们知道在飞行过程中找到一些标志性的东西，并记在脑海里，从而漂洋过海也不会忘记。

感悟 *ganwu*

记忆力是以注意为基础的。如果在记忆过程中注意力高度集中，发现事物的规律，掌握科学的记忆方法，那么我们的记忆力会远远超过文中的燕子。

日 积 月 累

曾国藩是中国历史上最有影响力的人物之一，然而他小时候的天分却不高。有一天晚上在家读书，他想，朗读出来会记得快，于是就不停地读，一篇文章重复不知道多少遍了，还在伟大的成功和辛勤的劳动是成正比的，有一分劳动就有一分收获，即使记忆力不好，如果我们日积月累，从少到多，也可以创造奇迹。

朗读，因为，他还没有背下来。

这时候他家来了一个贼，潜伏在他的屋檐下，希望等读书人睡觉之后捞点好处。可是等啊等，就是不见他睡觉，总是翻来覆去地读那篇文章。贼人左等不行，右等也不行，甚至他都会背诵了，最后实在等不及了，就生气地跳了出来："这种水平读什么书！"然后将那文章背诵一遍扬长而去！留下曾先生一个人在那里发呆。

贼人是很聪明，至少比曾先生要聪明，但是他只能成为贼，而曾先生却成为毛主席都钦佩的"近代最有大本事的人"。

"勤能补拙是良训，一分辛苦一分才。"那贼的记忆力真好，听过几遍文章就能背下来，而且很勇敢，见别人不睡觉居然可以跳出来"大怒"，教训曾先生之后，还要背书，扬长而去。但是遗憾的是，他名不见经传，曾先生后来起用了一大批人才，按说这位贼人与曾先生有一面之交，大可去施展一二，可惜，他的天赋没有加上勤奋，变得不知所终。

· 一 桩 奇 事 ·

戴尔·泰勒是美国西雅图一所著名教堂里德高望重的牧师。很多人常常不远千里来听他的布道。一天，他向教会学校的一个班宣布："孩子们，如果你们谁能背出《马太福音》中的第五章到第七章的全部内容，我就邀请你们去西雅图的'太空针'高塔餐厅参加免费聚餐会。"那是许多孩子做梦都想去的地方。一时间，他们用喜悦的眼神交流着彼此心中的兴奋。但是，《圣经·马太福音》第五章到第七章有几万字篇幅，而且不押韵，要背诵全文有相当大的难度。但是他们还是马上开

始背诵。

一个11岁的学生，一天胸有成竹地坐在泰勒牧师面前，从头到尾，一字不漏地把原文背诵下来，没出一点差错，而且到了最后竟成了声情并茂的朗诵。

泰勒牧师惊讶地张大了嘴巴，要知道真正的圣经信徒要背诵全文也是少有的，更何况是一个孩子。牧师在惊叹他有惊人记忆力的同时，不禁好奇地问："你是如何背下这么长的文字的呢?"这个孩子不假思索地回答道："我竭尽全力。"

16年后，这个孩子已成了一家知名软件公司的老板。

老师的启发

记得我是在念小学二年级时开始学写"吃"字的，当时不知怎么鬼使神差，毫不犹豫地就把它写成"口气"了。教我们语文的是一个50多岁的瘦老头，态度极温和，即使再恼人的事也不见他发过火，所以我们都不曾怕他。他很快便发现了我的错误，并及时进行了纠正。但纠正不力，我一如既往地犯错。一天放学，他留下我，用他尖尖的嗓音问我怎么总要把"吃"写成"口气"，我很害怕，用低低的声音回答说我不知道。我的心仿佛都要跳出来了。

他显得很焦急，来回踱着步，突然他停住脚，眼珠放异彩，用急促的声音说："如果你现在回家，一揭开锅盖，发现里面有半锅白白的大米饭，注意，不是南瓜糊米粉，不是清水米汤粥，也没有掺萝卜菜，而全部是白白的，一粒一粒的，冒着热气的大米饭，你高兴吗?"听他这么一说，再受到他那经

过夸张的面部表情的感染，我的口水都禁不住流了出来。那个年代，上哪里去找白花花的米饭啊！我连忙点头说："高兴！""想吃吗?""想吃！""你还生气吗?""不生气！"

"这就对了——"他如释重负，拉长声音说："这就是说，吃是不会生气的。所以你以后再也不要把'吃'写成'口气'了！"有了关于"大米饭"的形象记忆，我以后再也没有把"吃"字写错。

教师免费样书申请

感谢各位教师和学生使用北京教育出版社出版的系列丛书。为进一步提高我社图书质量，敬请教师和学生完整填写下列信息，我社将因此向教师提供一本免费样书（请您提供教师资格证或工作证复印件）。本表可在本社官方网站www.bjkgedu.com上下载，复制有效，可传真、邮寄，亦可发e-mail。

姓　　名		学校名称		邮　　箱	
电　　话		学校地址		邮　　编	
授课科目		所用教材		学生人数	
通过何种渠道知道本书	学校推荐 □　　网站宣传 □　　书店推荐 □　　海报宣传 □　　学生使用 □				
选择本书您首先考虑	出版社品牌 □　　体例新颖 □　　内容使用性强 □　　装帧美观 □　　其他 □				
您认为本书有何优点？					
您认为本书有何不足？					
常销系列图书	《168个故事系列》				

注：您申请的样书须与您讲授的课程相关。

诚 征 优 秀 书 稿

北京教育出版社成立于1983年，凭借对教育、教学改革的敏锐把握，依靠经验丰富的教师团队，成功推出了《1+1轻巧夺冠》《课本大讲解》《提分教练》等系列丛书。为了与时俱进，不断创新，打造更实用、更完美的优质教育图书，现诚邀全国中小学名师加盟，诚征中小学优秀教育类书稿。凡加盟者可享受如下待遇：1.稿费从优，结算及时；2."北教社"颁发相关荣誉证书；3.参编者将免费获得"北教社"提供的图书资料和培训机会。

随 书 资 源 下 载

北京教育出版社的图书所附赠的英语听力资料或其他随书资源，均会及时刊登在本社官方网站www.bjkgedu.com上，读者可以上网下载。下载方法如下：在网站免费注册后，登陆"下载中心"频道的"随书资源"区，选择下载所需的随书资源即可。所有随书资源均需凭密码下载，下载密码为图书ISBN号的最后5位数字（注：ISBN号一般印在图书封底条码上方）。

请在信封上或邮件中注明"样书申请"或"应聘作者"。

来信请寄：北京市北三环中路6号11层　北京教育出版社总编室
邮编：100120　　网址：www.bjkgedu.com　邮箱：bjszbs@126.com
电话：010-58572817（小学）　58572525（初中）　58572332（高中）

后 记

　　本丛书在编写过程中，参阅了大量的期刊和著述，吸取了很多思想的精华。但由于各种原因，编者未能及时与部分入选故事的作者取得联系，在此致以诚挚的歉意，恳请作者原谅。敬请故事的原作者（译者）见到本书后，及时与我们联系，我们将支付为您留备的稿酬及寄去样书。

　　同时，提请广大读者注意的是，本书题名中"168个故事"只是概数，实际故事数量并不以此为限，特此声明。

地址：北京市北三环中路6号北京教育出版社

电话：010-62698883

邮编：100120